W0314615

Zelte, Tipis, Jurten

Hal Wynne-Jones

David Pearson

ZELTE, TIPIS, JURTEN

AT Verlag

Die Originalausgabe ist unter dem Titel »Yurts, Tipis and Benders« © 2001 bei Gaia Books Limited, London, erschienen. Konzept der Buchreihe: Joss Pearson.

Aus dem Englischen übersetzt von Gunther Seipel.

© 2002
AT Verlag, Aarau, Schweiz
Umschlagabbildung: Advance Canvas Design, Ian Worrall, Maria Sperring
Abbildung auf Seite 2: Hal Wynne-Jones; Bild Seite 5: David Pearson
Druck und Bindearbeiten: Oriental Press, Dubai
Printed in Dubai

ISBN 3-85502-774-9

»Der Nomadenseele in uns allen gewidmet.«

Inhalt

8
EINFÜHRUNG

14
MONGOLEI

18
EDELJURTEN

20
KIRGISIEN

28
JURTEN AUS ZENTRALASIEN

32
EINE JURTE AUS
DEM EIGENEN GARTEN

36
EINE AUSTRALISCHE JURTE

40
EINE JURTE IN
LINCOLNSHIRE

44
JURTEN AN DER KÜSTE

46
HUZUR VADISI

50
MODERNE
TIPIENTWÜRFE

54
DIE TIPIS VON WOLF GLEN

58
FERIEN IM TIPI IN CORNWALL

60
DARTMOOR IN SÜDWESTENGLAND

62
AFGHANISCHE NOMADEN

66
DAS KOLLEKTIV VON KINGS HILL

70
DAS PROTESTCAMP VON FAIRMILE

72
DIE GEMEINSCHAFT BENEFICIO

74
LE BLÉ EN HERBE

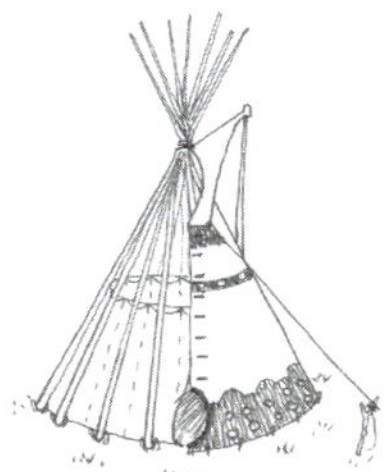

78
FRISCH ANS WERK!

92
INFORMATIONSQUELLEN

94
WEITERFÜHRENDE LITERATUR
DANKSAGUNGEN

EIN RUNDES HAUS

»DAS ZELT EINES MENSCHEN GLEICHT EINEM TEMPEL GOTTES.«
Kirgisisches Sprichwort

Heutzutage haben wir alle das Bedürfnis nach Freiheit und den Wunsch, die Freuden eines unbeschwerten Lebens zu genießen. Wie unsere als Nomaden lebenden Ahnen verspüren viele von uns eine tiefe innere Sehnsucht, im Kreislauf der Jahreszeiten umherzuziehen, naturnah und im Einklang mit dem Kosmos zu leben. Die traditionellen Wohnformen von Jurte, Tipi, einfachen Rundhütten und kuppelförmigen Zelten bieten dafür den idealen Rahmen und sind in dieser Hinsicht allen modernen Zeltkonstruktionen des Westens weit überlegen. Neben der Erfahrung des freien und unbeschwerten Lebens eröffnen diese Konstruktionen noch eine weitere Dimension: die des Lebens im runden Raum. Der besondere Zauber und die Faszination, die runde Räume ausstrahlen, lassen sich nur schwer bestimmen. Vielleicht liegt es daran, dass sie unmittelbar eine Verbindung zum Kreislauf des Lebens herstellen – zur Bewegung von Sonne, Mond und Sternen und zum Zyklus der Jahreszeiten. Vielleicht wecken sie eine archetypische Erinnerung an die alten Rundhäuser unserer Vorfahren in uns. Was immer der Grund dafür sein mag, Sie können selbst die angenehme Erfahrung machen, dass diese runden Formen glücklich und friedvoll stimmen.

Nomadisch lebende Bevölkerungsgruppen bewohnen meist die unwirtlichsten und ödesten Landstriche, und genau deshalb werden sie ja zu Nomaden. Sei es die Sahara oder die Wüste Gobi, seien es die zentralasiatischen Steppenlandschaften oder die polare Tundra, diese ausgedehnten Regionen sind entweder zu heiß und zu trocken oder zu kalt und zu stürmisch für eine landwirtschaftliche Nutzung und können daher keine große Zahl von Menschen ernähren. Die Bewohner dieser Gegenden haben keine andere Wahl, als mit den vorhandenen kargen Ressourcen auszukommen. Da sich diese rasch erschöpfen, ist für sie bald wieder die Zeit gekommen, weiterzuziehen oder ihren Tieren bei deren Wanderungsbewegungen zu folgen. Ein Leben unter solchen Bedingungen zwingt den Menschen, außerordentlich findig und anpassungsfähig zu sein, was sich bei fast allen seinen Aktivitäten und auch in den von ihm ersonnenen Behausungen zeigt. Eine mit Gras bedeckte Hütte in Afrika, eine einfache Behausung der Roma, eine asiatische Jurte oder ein Tipi der nordamerikanischen Indianer sind vollendete Beispiele angemessener Konstruktionsweisen und nachhaltigen Bauens. Über viele Generationen hinweg wurden diese Bauten immer weiter verfeinert, so dass sie einfach und raffiniert, schön und bequem zugleich sind.

Jurten: Als der britische Jurtenbauer Hal Wynne-Jones auf der anatolischen Hochebene seine erste Nacht in einer schwarzen Filzjurte verbracht hatte, wusste er, dass er sich »unsterblich verliebt hatte«. Hal (Seite 28) und andere innovative Geister wie Bill Coperthwaite in den USA (Seite 18), Stephanie Bunn in Großbritannien (Seite 20) und Martien Van Zuilen in Australien (Seite 36) machten es sich zur Lebensaufgabe, die Jurte und die damit verbundenen handwerklichen Techniken in der westlichen Welt zu verbreiten. Heute werden Jurten für alle möglichen Zwecke genutzt: Sie können als Ferienunterkunft oder als dauerhafte Wohnung dienen, sie eignen sich als Schulzimmer, Meditationsräume und Saunas. Für Ausstellungen, Hochzeitsempfänge und Konferenzen können auch aus mehreren Einheiten bestehende Jurten gemietet werden.

Herkunftsort und Heimat der Jurte ist die Steppe Zentralasiens. In diesem gewaltigen Gebiet, das

Sammlung historischer Bilder, Peter Newark

Dieses Bild des mongolischen Künstlers P. Tserendorzh zeigt eine dorfähnliche Siedlung mongolischer Nomaden. Dargestellt sind eine Hochzeitszeremonie, das Züchten von Pferden, Vieh, eine Kamelkarawane und Jurten.

sich vom Kaspischen Meer über die Mongolei nordwärts bis nach Sibirien erstreckt, ist die Jurte heute immer noch die bevorzugte Wohnform. Das Wort »Jurte« bedeutet eigentlich »Wohnung«. Ulan-Bator, die Hauptstadt der Mongolei, ist von einem ausgedehnten Gürtel aus Vororten umgeben, die aus Jurten oder, korrekter ausgedrückt, aus *Gers* bestehen. In der Mongolei regnet es wenig, es gibt starke Winde und sehr kalte Winter, in denen die Temperatur bis auf –50 Grad Celsius sinkt. Traditionell führen die Bewohner das Leben von Nomaden, das sich um Pferde, Kamele, Yaks, Herden von Ziegen und Karakulschafen (Fettschwanzschafe) dreht. Der karge Bewuchs der Weiden macht es erforderlich, mit den Herden in regelmäßigen Abständen auf frische Weiden weiterzuziehen. Während der Weidesaison verteilen sich die in ihren Jurten lebenden Familien mit ihren Herden über ein sehr großes Gebiet; im Winter jedoch versammeln sie sich an einem geschützten Platz in einem großen Lager aus Jurten, in dem sie den Frühling abwarten.

Die Jurte ist eine geniale, leicht zu transportierende Rundhütte, die mit Filz, Segeltuch oder einer Zeltplane abgedeckt wird (siehe Seite 78) und deren Struktur sich seit der Zeit Dschingis Khans vor achthundert Jahren kaum verändert hat. Mehr noch als das Haus hat die Jurte eine tiefe spirituelle Bedeutung. Wie ein Mikrokosmos ist sie ein Abbild des gesamten Universums: Der Fußboden repräsentiert die Erde, das Dach den Himmel und die Öffnung im Dach die Sonne. Die Jurte ist nach den vier Himmelsrichtungen ausgerichtet und enthält die fünf asiatischen Grundelemente: Die Erde (der Fußboden) wird von Holz (dem Gerüst der Jurte) umgeben, die Jurte umschließt das Feuer (die Feuerstelle), darauf befinden sich das Metall (der Feuerrost) sowie das Wasser (im Topf auf dem Rost). Die Feuerstelle, auch das »Erdviereck« genannt, ist heilig. Ihr Rauch steigt bis in den Himmel hoch.

Eine Jurte hat viele Vorteile. Sie ist robust, wirtschaftlich und haltbar, lässt sich ohne großen Aufwand transportieren, ist eine selbsttragende Konstruktion und lässt sich sogar in vollständig aufgebautem Zustand hin und her bewegen. Auf- und Abbau bereiten keine großen Schwierigkeiten und können in jeweils etwa einer Stunde bewältigt werden. Dem Boden, auf dem eine Jurte aufgestellt wird, wird kein dauerhafter Schaden zugefügt; und die niedrige Dachhöhe macht sie unauffällig. Die runde Form lenkt den Wind ab. Eine Jurte ist leicht zu heizen, aber im Sommer auch leicht kühl zu halten und kann vollständig aus umweltfreundlichen, vor Ort vorhandenen Materialien hergestellt werden. Vor allem aber ist eine Jurte sicher, warm und überaus gemütlich.

Tipis: Dank dem verstärkten Interesse für die indianische Kultur sind Tipis heute populärer als je zuvor. Eine ganze Gemeinde von Tipiliebhabern berichtet von ihren Erfahrungen mit einem Leben im

Bildarchiv Mary Evans

Ein Lager der Dakota (S. Eastman, in: Schoolcrafts »Indian Tribes«, Band 11).

Tipi. So war es auch bei Dan und Emma Kigar, die »ganz und gar zu Tipibewohnern« wurden und als nächsten Schritt ihre eigene Firma zur Herstellung von Tipis mit Sitz in Colorado gründeten (Seite 50). Elizabeth Tom aus Cornwall in England akzeptierte zur Bezahlung einer Schuld ein Tipi im Stil der Sioux und begann später, Familienferien in Tipis anzubieten (Seite 58).

Im Gegensatz zu den Jurten werden die Tipis Nordamerikas von den Menschen, die sie einst geschaffen haben, den Indianern der Präriegebiete im Westen der USA, nicht länger genutzt. In diesem riesigen Gebiet hügeligen Graslands, das sich von Texas bis nach Südkanada und von den Rocky Mountains bis zum Mississippi erstreckt, lebten einst große Bisonherden und viele andere Tiere. Vor dem Einfall der kolonialen Siedler aus dem Osten war dies die Heimat und das Jagdgebiet vieler nomadischer und halbnomadischer Stämme. Zu jener Zeit wurden die Tipis zunächst mit großen Hunden transportiert. Mit den Pferden, die über Mexiko in die Prärien gelangten, nahm die Mobilität zu, und die Menschen konnten nun dauerhaft als Nomaden (und in größeren Tipis) leben.

Nach dem Überwintern in kleinen Gruppen in geschützten Wäldern und Tälern kam der ganze

Stamm im Frühling in großen Lagern zusammen, um Rituale wie den Sonnentanz abzuhalten und Vorbereitungen für die Bisonjagd zu treffen. Oft standen dort ein- bis zweitausend Tipis in vier oder fünf konzentrischen Kreisen auf einer Fläche mit einem Durchmesser von bis zu anderthalb Kilometern zusammen; wie auch bei jedem einzelnen Tipi wies der Eingang eines solchen Lagers nach Osten. Der nordamerikanische Büffel versorgte die Indianer mit fast allem Lebensnotwendigen: mit Nahrung, Kleidung, Werkzeugen (aus Horn und Knochen) und Brennmaterial (dem Dung). Auch die Abdeckungen der Tipis und die bei ihrem Bau benötigten Bänder stammten vom Bison. Mit dem Wintereinbruch wurden die Tipilager abgebrochen. Alle Habseligkeiten wurden in kleinen Bündeln zusammengepackt und mit Pferden oder Hunden auf Tragen aus zwei durch eine Plattform miteinander verbundenen Stangen an ihren Bestimmungsort gezogen.

Tipis sind ausgeklügelte transportable Behau-

Bildarchiv Mary Evans

Lager der Chippewa (aus George Catlin: »Letters and Notes on the Manners, Customs and Conditions of the North American Indians«).

sungen (Seite 84). Wie bei den Jurten repräsentiert auch hier der Fußboden die Erde, die gekrümmten Wände des Tipis erinnern an den Himmel, die Stangen verbinden die Erde mit der Geisterwelt von Wakan̓tanka, dem Großen Geheimnis. Für mehr Behaglichkeit wird an die Innenseite des Gerüstes der Tipis ein »Tautuch« gehängt, das Zugluft vermindert, isoliert und den Abzug des Rauchs fördert.

Einfache Hüttenkonstruktionen: In Europa und besonders in Großbritannien erleben anspruchslose kuppelförmige, zeltartige, meist runde Hütten neuerdings eine Renaissance. Sie werden von alternativ lebenden Menschen, von Reisenden, Obdachlosen und auch aus Protest als vorübergehende oder nur zeitweise bewohnte Behausungen genutzt, beispielsweise im Protest-Camp von Fairmile in England (Seite 70). Häufig in Wäldern, aufgegebenen Steinbrüchen, auf Brachland und verwilderten Grundstücken vor Blicken verborgen, werden diese Hütten gewöhnlich aus frei verfügbaren Abfallmaterialien und wiederverwertetem Material gebaut. Werden die Bewohner nicht vertrieben, können sie das ganze Jahr über in solchen Bauten leben wie zum Beispiel die Mitglieder des Kollektivs von Kings Hill in England (Seite 66), denen mittlerweile offiziell erlaubt wurde, ihre kaum in die Umgebung eingreifenden Behausungen dauerhaft zu bewohnen.

Diese einfachen Konstruktionen sind nicht neu. Aus gebogenen jungen Baumschösslingen oder Ästen gebildete kuppelförmige Bauten, die mit Gras, geflochtenen Matten, Rinde oder Stoffen bedeckt werden (Seite 90), dienten schon seit prähistorischen Zeiten überall auf der Welt als Unterkunft. In jüngerer Zeit haben die Roma und Sinti in Europa in solchen zeltartigen Hütten gelebt; in den Waldgebieten Nordamerikas gab es bei den Indianern als Entsprechung die mit Rinde oder Schilfmatten bedeckten kuppelförmigen Wigwams. Die kleineren wie die Familienwigwams der Algonkin oder Chippewa hatten einen Durchmesser von 3,5 bis 4,5 Metern, die beeindruckenden Gemeinschaftslanghäuser der Irokesen und der Huronen am Lorenzstrom und im Gebiet des Ontariosees maßen dreißig Meter. Eine andere Variante, der *Wikiup*, diente den Kikapoo als Winterhütte und den Apachen in den Sommerlagern als vorübergehende Behausung.

Vor dem Bau einer Jurte, eines Tipis oder eines einfachen Kuppelbaus sollten die Leser sich zunächst mit den grundsätzlichen Tipps zum Bau solcher Konstruktionen (Seite 78) befassen. Einzelheiten über Kurse und Workshops zu diesem Thema sowie die Adressen von Firmen, die Bausätze liefern, finden sich im Abschnitt »Informationsquellen« (Seite 92). Ganz gleich, ob es eine Jurte, ein Tipi oder eine einfache runde Hütte werden soll, fangt einfach mit dem Bauen an und entdeckt den eigenen Weg zum runden Haus!

DAHEIM IN DER MONGOLEI

Paul King: Sechs Fotos im »National Geographic« inspirierten mich zu meiner ersten Jurte. Sie zeigten zwei Mongolen, die ein hölzernes Gestell zusammensetzten, es mit Filz bedeckten und sich so eine stabile, dort *Ger* genannte Behausung bauten. In den folgenden sieben Jahren stellte ich selbst Jurten her, lernte aus Fehlern und verbesserte die Konstruktion immer weiter. Viele Fragen blieben dabei jedoch offen. Wie bringen die Mongolen die sich im Querschnitt leicht verjüngende Form der Wand zustande? Warum sind die Dachstreben am unteren Ende rund, am oberen Ende jedoch viereckig? Um das zu ergründen, reiste ich in die Mongolei.

Als das Flugzeug zu sinken begann, wurden auf dem einheitlichen Grün der Steppe unter mir winzige, weiße Flecken sichtbar. Es waren einzeln stehende oder in kleinen Gruppen angeordnete Jurten. In ihrer Nähe waren Schafe, Rinder und Pferde zu erkennen. Dies waren die Vororte von Ulan-Bator, die sich kilometerweit in alle Richtungen erstreckten und fast nur aus *Gers* in kleinen, mit einem Zaun umgebenen Einfriedungen bestanden. Ich war am richtigen Ort.

Nach einer kurzen Unterweisung kannte ich die mongolischen Bezeichnungen aller Bestandteile eines *Ger*. Jeder Abschnitt der Gitterwand ist eine *Khana*, der Holzring in der Dachmitte wird *Tono* genannt, jede Dachstrebe ist ein *Uni*. In der Jurtenfabrik von Ulan-Bator zeigte man mir die Ausstellungsjurte, ein aufwendig gestaltetes Modell mit einem Durchmesser von 6,4 Metern und zwei wunderschön bemalten Doppeltüren aus Holz.

Als ich mit Khart Dorj zusammentraf, einem Mitglied der mongolischen Kunsthandwerkervereinigung, der Jurten baute, arbeitete er gerade an einem 3,7 Meter messenden *Ger*. Das Gerüst aus Lärchenholz war fertig, aber noch nicht mit Verzierungen versehen. Er zeigte mir einen bereits vollendeten *Tono* und eine Tür. In beide waren buddhistische und schamanistische Muster geschnitzt, beide waren mit leuchtenden Lackfarben bemalt. Gute Schnitzarbeiten können den Preis einer Jurte verzehnfachen.

Nachdem ich mir neue *Gers* und deren Produktionsstätten angesehen hatte, war es an der Zeit, einige richtige Nomaden in ihren

Paul King

Links: Ein neuer *Ger* mit traditioneller Dekoration aus der Fabrik. Rechts oben: Der etwas erhöhte *Tono* (die »Dachkrone«) diente früher als Rauchabzug. Rechts unten: Das Leben im Inneren eines *Ger* von Nomaden in der Wüste Gobi.

Jurten zu treffen, und so reiste ich in die Wüste Gobi. Begibt man sich in eine Jurte, sollte man sich als Erstes vergewissern, dass der Hund angebunden ist, dann geht man einfach in die Jurte hinein. Anzuklopfen wäre ein Ausdruck des Zweifels an der Gastfreundschaft des Gastgebers und würde als ausgesprochen unhöflich gelten.

Die meisten Nomadenfamilien in der Wüste Gobi kaufen sich das Gerüst für ihre Jurte und stellen die Filzabdeckungen selbst her. Zwei Wochen dauert es, die komplette Abdeckung anzufertigen, die dann etwa zwanzig Jahre hält. Die Nomaden ziehen häufig weiter und transportieren dabei den *Ger* auf Kamelen. Das Holzgerüst hat eine Lebensdauer von zehn Jahren. Bei einer Familie konnte ich den Umzug beobachten: Die Einrichtung blieb einfach an ihrem Platz, und sobald der *Ger* zerlegt war, stand alles im Freien und konnte leicht verstaut werden.

Anfang Oktober bereiten sich die Nomaden im fruchtbareren und bewaldeteren Norden der Mongolei auf den Winter vor. Die Familien stellen ihre Jurten in geschützten Tälern auf Holzplattformen; die Jurtenwände werden mit bis zu sechs Lagen Filz isoliert; der Metallofen wird ununterbrochen geheizt. In dieser Region werden die *Gers* ungefähr fünfmal im Jahr auf Ochsenkarren zu einem neuen Standort transportiert; unter diesen Umständen halten die Holzgerüste ein ganzes Leben lang, die Filzabdeckungen haben eine Lebensdauer von etwa fünf Jahren.

Mit Beginn der Schneefälle verließ ich die Mongolei. Ohne weitere Zeit zu verschwenden, setzte ich meine neuen Kenntnisse in die Praxis um und baute einen 5,5 Meter messenden *Ger* im mongolischen Stil. Die Dachstreben hatten einen runden Schaft und sich verjüngende Spitzen. Ich krümmte die in der Wand verarbeiteten Stangen und erzielte so eine leichte Neigung der Wände. Das Ganze wurde mit einem elegant geschwungenen *Tono* mit acht Speichen gekrönt. Das Resultat war ein echter, in seiner Ästhetik das Auge erfreuender *Ger*, in der meine Partnerin und ich im Frühling geheiratet haben.

Paul King

Oben: In der Wüste Gobi wird ein *Ger* für den Transport zerlegt. Unten: Die Einzelteile der Behausung liegen auf dem Boden, jetzt kann der Inhalt der Hütte verstaut werden.

DER BAU EINER LEBENSFORM

Dan Neumeyer: Meine erste Jurte baute ich vor fast dreißig Jahren gemeinsam mit Bill Coperthwaite. Obwohl ich gerade erst zehn Jahre alt war, war mir bereits damals klar, dass Bill nicht einfach irgendwelche Bauten entwarf, sondern eigentlich eine Lebensform – naturnah, einfach und erfüllend –, und die Begeisterung für diese Lebensweise hat mich seitdem nicht mehr verlassen.

Die Genialität der Konstruktion der traditionellen Jurte, wie sie in einem Artikel des »National Geographic« aus dem Jahre 1962 dargestellt war, hatte Bill tief beeindruckt. In dieser Struktur fand er sowohl ein reiches Potenzial für kreative Entwürfe als auch die Möglichkeit, eine einfache Behausung zu entwickeln, die sich die Menschen selber bauen konnten. Seitdem hat Bill Schulgruppen und Familien auf der ganzen Welt im Bau von Jurten unterwiesen. Einige seiner Schüler gründeten daraufhin Firmen zur kommerziellen Produktion von Jurten. Bills Interesse galt jedoch vor allem dem kreativen Entstehungsprozess, und genauso wichtig wie die fertige Struktur der Jurte war für ihn, dass er Menschen dabei half, selbst etwas zu schaffen.

Obwohl jede seiner Jurtenkonstruktionen einmalige Merkmale besitzt, sind einige Elemente allen gemeinsam. Dazu gehören beispielsweise die für ein Klima mit größeren Niederschlagsmengen besser als Filz oder Stoff geeigneten Holzwände. Ein weiteres Kennzeichen seiner Jurten sind die nach außen geneigten Wände. Dadurch kann man sich besser an die Wand lehnen; außerdem wirkt die Jurte von außen kleiner, von innen jedoch geräumiger. Einige der größeren Jurten hat Bill mit isolierten Doppelwänden ausgestattet. Die Struktur der von ihm entworfenen konzentrischen Jurte erlaubt es, den Innenraum aufzuteilen und gleichzeitig die Einheit des Kreises zu wahren.

Vierzig Jahre nach dem Bau seiner ersten Jurte macht Bill immer noch bei jedem seiner Entwürfe neue Entdeckungen, und sooft es mir möglich ist, arbeite ich mit ihm zusammen.

Jadedesign

Oben: Bücherei und Wohnort zugleich: Die konzentrische Jurte von Dickinson's Reach in Bucks Harbor, Maine, USA. Links unten: Eine Jurte auf dem Gelände der Universität von New Hampshire (Juwelenjurte). Rechts unten: Gästehaus (Smaragdjurte) von Dickinson's Reach in Bucks Harbor, Maine, USA.

EIN LEBEN BEI MEISTERN DES JURTENBAUS

Stephanie Bunn: Als frisch gebackene Anthropologin ging ich nach Kirgisien, um dort etwas über Jurten zu lernen, indem ich mit den Menschen, die sie bauen und die in ihnen wohnen, zusammenlebte.

Die Kirgisen nennen ihre Jurte *Boz uy*, was »graues Haus« bedeutet. Einen ganzen Herbst lang lebte ich bei den Ismailovs, einer Familie von *Boz-uy*-Baumeistern. Damals war es vor allem Sapar, der diese Arbeit erledigte, unterstützt von seinem Sohn Irydan. Sapars Vater, Toktosun, war ein in der ganzen Region berühmter Jurtenbauer gewesen. Er hatte in seinem Dorf zwölf Männer in diesem Handwerk unterwiesen, so dass das ganze Dorf als »Schule« für Jurtenbauer bekannt war. Einen Monat dauert es, bis man gelernt hat, wie ein *Boz uy* gebaut wird; genauso viel Zeit benötigt man auch, um das Holzgerüst für die Jurte zu bauen. Ein Lehrling verbringt jedoch normalerweise ein ganzes Jahr damit, den Umgang mit dem Weidenholz zu lernen, aus dem das Gerüst errichtet wird, die Stangen in gärendem Schafdung zu dämpfen und das Holz in speziellen, handgefertigten Vorrichtungen zu biegen. Er lernt auch, wie das Holzgerüst bemalt wird, wie der Holzring der Dachkrone seine Krümmung bekommt und vieles mehr.

Es ist eine Ironie des Schicksals, dass die Jurtenbauer nur selten selbst nomadische Viehzüchter sind. Meistens führen sie in Dörfern im Tal ein sesshaftes Leben. Im Hochgebirge lebte ich allerdings mit einer Familie von Schafhirten zusammen, deren Familienoberhaupt ein bemerkenswerter Mann namens Alpymysh Ata war. Schon als junger Bursche hatte er gelernt, wie die Holzgerüste für die Jurten angefertigt werden, indem er den heimischen Baumeistern bei ihrer Arbeit zuschaute. Später hatte er sich dann seine eigene Jurte gebaut, die er über viele Jahre hinweg mit seiner Familie bewohnte, wenn diese mit ihren Tieren auf die hoch gelegenen Bergweiden zog.

Stephanie Bunn

Links oben: Toktosun Ismailov, ein Meister im Bau der *Boz uy*, arbeitet an einem Wandgitter. Links unten und rechts: Alpymysh Orozalievs Familie erstellt auf der hoch gelegenen Bergweide ihre *Boz uy* und richtet die Dachkrone auf.

FILZHERSTELLUNG IN KIRGISIEN

Die Abdeckungen für die Jurte werden von der Frau der Familie angefertigt, die diese bewohnt. Auf diese Weise stellt sie ihre Qualitäten als Ehefrau unter Beweis. Die Filzabdeckungen sind wertvoll; schon die Vliese, aus denen sie gemacht werden, sind recht kostbar, zum anderen ist ihre Herstellung sehr zeitaufwendig. Filz ist bei den Nomaden Zentralasiens ein wichtiger Stoff und wurde schon in zweieinhalbtausend Jahre alten archäologischen Funden entdeckt. Filz wird mit einfachen, leicht zu transportierenden Gerätschaften aus Schafwolle hergestellt, ist sehr wärmend, isoliert hervorragend, ist windundurchlässig und wasserabweisend.

Ich lernte die Filzherstellung bei drei kirgisischen Familien, bei denen ich zwei Sommer lang lebte. Viele Frauen stellen nicht nur mit großem Geschick die weißen Jurtenabdeckungen her, sondern fertigen auch Filzteppiche an, und einige haben eine ganz besondere Begabung für das Entwerfen und Auslegen der Muster. Diese Teppiche mit ihren kraftvollen Farben und den mosaikartigen Mustern gibt es nur in Kirgisien. Die Frauen, mit denen ich zusammenarbeitete, lernten ihr Handwerk von ihren Müttern und stellten auch die wunderschönen Teppiche her, die sie später zur Hochzeit geschenkt bekamen. Von ihnen würden sie sich nie trennen.

Um den gepressten Filz herzustellen, werden die aufgelockerten Vliese auf einer Riedgrasmatte ausgelegt. Darauf werden dann die bunten Muster aus gefärbter, geschorener Wolle angeordnet. Die Wolle wird dann mit kochendem Wasser besprenkelt und wie eine Biskuitroulade mitsamt der Matte aufgerollt. Diese Rolle wird dann gewöhnlich von Männern und Frauen über eine Stunde lang hin und her getreten. Dann wird sie wieder ausgebreitet, und der Filz wird mit den Ellbogen eine weitere halbe Stunde lang durchgewalkt. Zum Abschluss der Arbeit gibt es erfrischende Getränke oder eine Mahlzeit.

Stephanie Bunn

Oben: Das Muster für einen gepressten kirgisischen Filz wird ausgelegt. Anschließend werden die Filzrollen von den Männern einen Berghang hinauf- und hinabgetreten (links unten) und der Filz zuletzt noch mit den Ellbogen gewalkt (rechts unten).

DIE BESTEN GÄSTEJURTEN

Eines der bemerkenswertesten Ereignisse bei meinem Besuch in Kirgisien war ein Fest, das dem kirgisischen Ahnenhelden Manas gewidmet war. Manas führte die Kirgisen vor tausend Jahren in ihr Heimatland in den Tien-Shan-Bergen zurück. 1995 zog dieses Fest Menschen aller kirgisischen Stämme an, die aus Kirgisien, China, Tadschikistan und von noch weiter her zusammenkamen. Während der Zeit der Sowjetunion hatte man solche Versammlungen der Nomaden aktiv unterbunden, und es war das erste Mal seit der Unabhängigkeit, dass dieses Fest stattfand. Zu diesem Anlass wurden die schönsten Gästejurten der verschiedenen Regionen aufgestellt.

Obwohl die kirgisische Jurte normalerweise als *Boz uy* bezeichnet wird, beschreibt das Wort *uy* (Haus) alle möglichen Varianten von Filzzelten. Mit dem Begriff *Konok uy* beispielsweise wird ein Gästehaus bezeichnet, *Chong uy* ist ein großes Zelt. Auf dem Manasfest waren vor allem diese beiden Typen von Zelten zu sehen. Die Verzierungen im Inneren eines *Konok uy* sind von höchster Qualität. Filzteppiche und Bettdecken in leuchtenden Farben finden sich darin, bunte Bänder aus gemustertem Filz, Stickereien und Flechtwerk verzieren die unteren Teile des Daches; bestickte Seidenbehänge, Taschen und Stoffsimse ergänzen die Pracht. Indem den Gästen solche Annehmlichkeiten geboten werden, steigt auch das Ansehen der Besitzer dieser Jurten.

Die außergewöhnlichste Jurte auf dem Manasfest war dreistöckig; mehrere Kunsthandwerker hatten sie gemeinsam errichtet. In ihr wurden fremde Würdenträger willkommen geheißen. Früher bauten Meister im Jurtenbau große Festzelte, die aus drei oder vier durch Türöffnungen miteinander verbundenen Zelten bestanden. Auf die praktischen Fähigkeiten und das theoretische Wissen für den Bau solcher Jurten trifft man heute jedoch nur noch selten.

Stephanie Bunn

Oben: Dreistöckige Jurte auf dem Manasfest in Kirgisien. Links unten: Auf einer *Chong uy* angebrachte Dekorationen mit Büscheln aus Yakhaar. Rechts unten: Wanddekorationen aus Filz an einer Jurte auf dem Manasfest.

»ES WAR EINMAL VOR LANGER, LANGER ZEIT ...«

Mein Interesse an den kirgisischen Jurten wurde durch meine künstlerische Arbeit mit Kindern geweckt. Ich machte früher bei einer Theatergruppe mit, die im Pferdeplanwagen durch das ländliche Großbritannien und Irland zog. »Wie toll wäre es doch, wenn die Kinder sich eine Filzjurte bauen würden, in der dann Geschichten erzählt werden«, dachte ich. In Ungarn besuchte ich einige Filzmacher, die mir dazu die notwendigen Hinweise gaben, und 1988 errichtete ich mit Hilfe der Theatergruppe und mit neunzig Schulkindern meine erste Jurte. Die Kinder stellten den Filz her und schufen auch die von Geschichten der Nomaden inspirierten Muster. Die Erwachsenen dämpften die Holzstangen, bogen sie und setzten das Gerüst aus Weidenholz zusammen. Die Kinder begleiteten diese Arbeit mit Gesängen und Trommelschlägen. In der fertigen Jurte fanden großartige Feste statt, und viele Geschichten wurden erzählt.

Seitdem habe ich zusammen mit verschiedenen Organisationen und anderen Kindergruppen noch viele weitere Jurten gebaut – in stadtnahen Bauernhöfen, Museen und Kunstgalerien. Einige dieser Jurten wurden zum Geschichtenerzählen genutzt, andere dienten als Klassenzimmer oder Ausstellungsräume. Die Jurte ist für Kinder ein wunderbarer Raum, um Geschichten über andere Kulturen zu lauschen.

Wenn ich heute solche Projekte durchführe, baut Hal Wynne-Jones (Seite 28) die Holzgerüste; ich stelle den Filz her und kümmere mich darum, den Kindern etwas von Kirgisien zu zeigen und ihnen Geschichten zu erzählen. Vor kurzem entwickelte ich eine aus vier Zellen bestehende Jurte, die von Hal im Earth Centre im englischen Doncaster errichtet wurde. Sie diente dazu, Kindern vom Leben der Nomaden, von Jurten und von einer Lebensweise zu berichten, die die Umwelt erhält. In einem ähnlichen Projekt reiste meine Freundin und Kollegin Christina Sargent auf die abgelegenen schottischen Orkneyinseln, um dort zusammen mit 350 Kindern auf dem Inselfest eine »Orkneyjurte« zu bauen.

Stephanie Bunn

Oben links: Formen von Bienen und Nutztieren, aus Wolle zugeschnitten und zu Mustern gelegt.
Oben rechts: Von Kindern zu einem auf einer zentralasiatischen Erzählung beruhenden Muster gelegte Filzformen.
Unten links: Von einem Kind geschaffenes Muster, das einen afrikanischen Schöpfungsmythos erzählt.
Unten rechts: Von Kindern auf einem stadtnahen Bauernhof gebaute Filzjurte.

UNSTERBLICH VERLIEBT IN DIE JURTE

Hal Wynne-Jones: Nach der ersten Nacht, die ich auf der anatolischen Hochebene in einer schwarzen Filzjurte verbracht hatte, wusste ich, dass ich mich unsterblich verliebt hatte. Mir wurde klar, dass ich im Rahmen meiner Möglichkeiten das Handwerk des Jurtenbaus betreiben wollte, was für mich gleichermaßen zum Lebensunterhalt und zur Passion wurde. Dies führte dazu, dass ich in den letzten dreizehn Jahren in Situationen geriet, die ich mir vorher nie hätte träumen lassen, die zwar nicht immer angenehm und nicht immer von Erfolgen begleitet waren, jedoch nie Routine oder Langeweile erzeugten.

Für einen reisenden Bauhandwerker wie mich war die Jurte die höchste Form des Archetyps erstrebenswerten Wohnens. Es bedurfte vieler Experimente mit Details der Konstruktion und mit der praktischen Verwendung der Jurte, um diese in Zentralasien so häufige Behausung in den langen, feuchten britischen Winter und Sommer verpflanzen zu können. Lösungen für Probleme zu finden, ist befriedigend, wenn auch manchmal mühsam und kostspielig.

Zu Beginn hoffte ich, eine preiswerte und gleichzeitig gemütliche und sichere Behausung zur Verfügung stellen zu können, die dabei nur wenig in die Umgebung eingreift. Damit war ich eindeutig erfolgreich. Allein in Großbritannien leben mittlerweile mehrere hundert Menschen das ganze Jahr über in Jurten. Allerdings haben nur sehr wenige eine fertige Jurte bei mir gekauft. Viele haben sich nach dem Besuch entsprechender Kurse ihre Jurten im Eigenbau erstellt, eine noch größere Zahl hat sie sich ganz unabhängig gebaut, sobald sich das Bewusstsein für diese bemerkenswerten Konstruktionen verbreitet hatte. Ich selbst beliefere daher inzwischen einen Luxusmarkt mit Jurten, die als Zweitwohnung genutzt werden, was mir die Freiheit gibt, die handwerklichen Prozesse für ihre Konstruktion immer weiter zu verfeinern und in allen Details auszuarbeiten, bis sich die Jurte irgendwann, wie ich hoffe, in Großbritannien etabliert haben wird.

1990 begann ich, eine mehrzellige Jurte zu entwickeln, und mittlerweile verdiene ich mit ihr die Hälfte meines Einkommens. Ich vermiete sie zu den verschiedensten Zwe-

Hal Wynne-Jones

Diese aus mehreren Zellen bestehende mongolische Jurte im Earth Centre in Doncaster, England, eignet sich dank ihrer flexiblen Struktur für große Zusammenkünfte und Versammlungen jeglicher Art.

cken: für Festivals, Hochzeiten, Gedenkveranstaltungen, Ausstellungen, Konzerte, ja sogar als türkisches Dampfbad oder als Saunakomplex. Sinnigerweise ist dieser Aspekt meines Gewerbes, die Vermietung von Jurten, dem ursprünglich nomadischen Charakter dieser Behausungen, der mich zu Beginn so stark angezogen hatte, noch am nächsten. Ich liebe es, bei Tagesanbruch mit meinem vierrädrigen und mit allem Nötigen vollgepackten mechanischen Kamel auf einem kahlen, vom Wind gepeitschten und von Regen durchtränkten Feld anzukommen und dann bei Sonnenuntergang eine warme, vor dem Wetter schützende Jurte aufgestellt zu haben, in der die Lichter funkeln, Musik erklingt und für die ersten Gäste Teppiche und Kissen ausgelegt sind. Am Abend darauf wird alles wieder zusammengepackt, und weiter geht es auf die nächste Weide. Das Feld liegt wieder genauso da wie vorher, nur die nackte Erde und der Himmel sind zu sehen – sollte etwa alles nur ein Traum gewesen sein?

Die Kirgisen sagen, die Jurte soll abgebrochen und woanders aufgestellt werden, bevor das Gras an ihrer Schwelle abgetreten ist. Viele Jurtenbewohner leben heute nur vorübergehend in einer Jurte, die dabei immer an derselben Stelle steht, wobei der nomadische Aspekt verloren geht. Um so größeren Wert lege ich darauf, dass ich einerseits die erstaunliche Vielseitigkeit dieser so leicht zu transportierenden Konstruktion nicht aus dem Blick verliere und andererseits streng darauf achte, mit meinen Jurten einer Familie eine absolut sichere Behausung zu schaffen.

Mittlerweile gilt mein Hauptinteresse der Entwicklung eines Systems aus jeweils vier im Außenbereich von ganz normalen Städten gelegenen Plätzen, in dem Jurtenbewohner im Rhythmus der vier Jahreszeiten umherziehen. Damit will ich die für das Verdienen eines Lebensunterhalts, für das Aufziehen von Kindern usw. erforderliche Beständigkeit mit der selbstreinigenden Wirkung des nomadisierenden Lebens verbinden. Das System als Ganzes ist permanent vorhanden, die einzelnen Plätze werden jedoch nur zeitweise genutzt, wodurch allenfalls vor Ort bestehende Widerstände sehr viel schwächer werden dürften.

Hal Wynne-Jones

Licht und Schatten – das Spiel der Strukturen der Dachkrone und des Segeltuchs im Inneren einer mehrzelligen Jurte.

DIE EIGENE BEHAUSUNG IM SELBSTANBAU

Peter Whiteman: Kaum jemand betritt eine Jurte, ohne in ihren Bann gezogen zu werden. Diese einfache, in zwei Jahrtausenden erprobte Konstruktion vereint in sich auf wundervolle Weise Funktion und Schönheit und stellt den absoluten Höhepunkt nomadischer Architektur dar. Sie ist sowohl an das Klima der zentralasiatischen Steppenlandschaften und Gebirge als auch an die dort verfügbaren Rohmaterialien hervorragend angepasst und erfüllt darüber hinaus auch das Bedürfnis nach einer beweglichen Behausung. Sie hat die Vorzüge eines Zeltes, das sich schnell aufbauen lässt und dabei stabil ist, und die eines Hauses, das geräumig, leicht, luftig, aber nicht zugig ist; seine runde Form fördert Gefühle der Behaglichkeit und der Sicherheit.

Wie kam ich damit in Kontakt? Ich hatte das Privileg, als Agrarwissenschaftler im Hindukusch und im Karakorum zu arbeiten, und seit dieser Zeit hat mich das Reich der Schneeleoparden und der Hirtenvölker, der Jurten bewohnenden Kirgisen, Kasachen und Mongolen fasziniert. Als ich dann vor zehn Jahren in England eine echte Jurte sah (die von Hal Wynne-Jones auf der Whole Earth Show ausgestellt wurde), tat mein Herz einen Sprung und ich wollte selbst eine haben. Hal hat viel dafür getan, die Jurte in Großbritannien populär zu machen; er hat ihre Konstruktion vereinfacht und leitet Kurse im Bauen von Holzgerüsten für Jurten. Nachdem ich einen dieser Kurse besucht hatte, kehrte ich auf meinen Bauernhof zurück und suchte mir die für den Bau meiner Jurte notwendigen Materialien auf meinem Grundstück zusammen.

Der Bauernhof wird biologisch-organisch bewirtschaftet, und wir lassen uns dabei von dem Prinzip leiten, unsere eigenen Ressourcen so zu nutzen, dass alles, was wir ihnen entnehmen, auch wieder nachwachsen kann. Die Jurte wurde für uns auf diese Weise die preiswerteste und umweltfreundlichste Behausung, die wir uns nur vorstellen konnten. Für die Stangen des Gerüsts verwendeten wir Weidenholz, für den Ring der Dachkrone Eschenholz, für die Türpfosten Eichenholz, und all dies fanden wir in unseren Hecken. Die Vliese unserer Schafe benutzten wir für die Verkleidungen der Jurte. Es war

Peter Whiteman

Links: Der ausgelegte Filz wird zur Verfestigung gerollt. Rechts oben: Das Ofenrohr eines Holzofens vor der Dachkrone einer Jurte. Rechts unten: Wandverkleidungen aus Filz an einer leichten Sommerjurte.

eine große Befriedigung für uns, dass wir alle Bestandteile unseres Hauses bei uns selbst hatten heranwachsen lassen. Die oberen Enden der Stangen aus Weidenholz kamen als Stecklinge wieder in die Erde, auf diese Weise schufen wir uns eine kleine Plantage, die uns dauerhaft mit dem Holz für solche Stangen versorgen konnte.

Ich wollte die Jurte so echt wie nur möglich aussehen lassen und verwendete daher nur Handwerkzeuge, um die hölzernen Bestandteile der Jurte zu spalten und glatt zu hobeln. Um sie miteinander zu verbinden, benutzte ich Zapfen und Keile sowie Rohlederriemen. Rohleder ist im Handel nicht erhältlich, daher musste ich es aus dem Fell eines verendeten Kalbs herstellen. Das Fell hatte ich eingesalzen und auf diese Weise konserviert. Mit den Rohlederriemen lassen sich die Gitterwandstücke auf stabile, feste und dennoch elastische Weise miteinander verbinden. Jedes Mal, wenn ich die Jurte aufstelle, hoffe ich auch heute noch insgeheim, dass mir jemand dabei zuschaut, wie ich die 60 Zentimeter breite Gitterwand auf spektakuläre Weise zu einem 5,5 Meter langen Bogen auseinander ziehe. Für die Muster – kirgisische Symbole für Widderhörner, Adlerkrallen und rennende Hunde – nahm ich nur die natürlichen Farben der Vliese.

Neben dem offensichtlichen Verwendungszweck der Jurte als Behausung für die Familie erfüllt sie noch eine Menge anderer Zwecke – sie diente schon als Außenbüro, Werkstatt, Verkaufsstand für Gemüse und zur Demonstration von Verfahren zur Holzbearbeitung (wobei ein derart ungewöhnlicher Stand eine viel größere Zahl von Besuchern anzieht!), ferner als unersetzliches, sofort verfügbares freies Zimmer, wenn zusätzlicher Besuch kommt. Yaks oder Trampeltiere stehen mir für den Transport der Jurte nicht zur Verfügung, aber sie passt ganz genau auf die Ladefläche meines Pickups. Auf Reisen ist die Jurte eine erfrischende Alternative zum konventionellen Wohnwagen.

1

2

3

4

5

6

Peter Whiteman

Die verschiedenen Stadien der Filzherstellung: (1, 2) Das Muster wird ausgelegt und verfestigt. (3, 4) Mehrere Schichten aus handgepflückter Wolle und Gartenmulch kommen übereinander, dann (5, 6) nochmals Wolle und schließlich eine letzte Schicht aus weißer, gekämmter Wolle.

EINE BEGEGNUNG ZWISCHEN AUSTRALIEN UND DER MONGOLEI

Martien Van Zuilen: 1998 übernahm ich die Koordination eines Kunstprojekts in Australien, bei dem eine Jurte im mongolischen Stil, ein *Ger*, gebaut werden sollte. Das Projekt wurde vom Australian Forum of Textile Art unterstützt. Ich selbst bin Filzmacher, Künstler und Tutor und reiste im Rahmen meiner Forschungen in Übersee 1997 in die Mongolei. Dort studierte ich die traditionellen Verfahren zur Filzherstellung, wohnte in Jurten und lernte aus erster Hand alles über ihre Struktur, ihren Verwendungszweck und ihre Bedeutung für das Leben im rauhen Klima Zentralasiens. Mit einer Fülle von Informationen kehrte ich zurück und hatte den Wunsch, meine Erlebnisse mit so vielen Menschen wie nur möglich zu teilen.

An dem fast vier Monate in Anspruch nehmenden Projekt zum Jurtenbau beteiligten sich in ganz Australien über 150 Menschen. Ich reiste die ganze Zeit umher und besuchte die Filzmacher, die in den verschiedenen Bundesstaaten zusammengekommen waren, um die großen Filzstücke herzustellen. Die dabei verwendeten Techniken lehnten sich sehr eng an die traditionellen Verfahren an und bewegten die Filzrollen ganz im »mongolischen Stil« sogar mit Pferden. Die Vliese wurden von Schafzüchtern gestiftet; wir benötigten für die Filzabdeckungen insgesamt hundert Kilogramm davon.

Auf meinen Reisen durch Australien im Rahmen dieses Projekts hielt ich Vorträge und leitete Workshops über meine Zeit in der Mongolei und dabei kam auch das Thema »Lebensraum« zur Sprache. Auf einmal beschäftigten wir uns auch mit unserer Lebensweise und mit dem, was wir körperlich, emotional und materiell für unser Überleben brauchen. Bald wurde deutlich, dass »Lebensraum« viel mehr bedeutet als nur ein Dach über dem Kopf.

Kerry Bryan aus Melbourne verfügte über die nötigen handwerklichen Fähigkeiten zur Holzbearbeitung und scheute keine Mühe, nach meinen Dias und Fotos aus der Mongolei und mit Hilfe von Zeichnungen aus Büchern die wichtigsten Teile des Holzgerüstes für die Jurte zu entwerfen und zu konstruieren. Die Gitterwände des Gerüsts wurden aus Douglasienholz (von Plantagen) gefertigt, der Holzring der Dachkrone be-

Martien Van Zuilen

Kerry Bryan half beim Entwurf und bei der Herstellung des Gerüstes dieser Jurte. Die Gitterwände bestehen aus Nadelholz (in Plantagen angebaute Douglasien), der Ring der Dachkrone aus wiederverwendetem Ulmenholz, der Türrahmen aus wiederverwendetem Kiefernholz, die Dachstreben aus Ahorn.

stand aus wiederverwertetem Ulmenholz, Türrahmen und Stützpfosten wurden aus wiederverwertetem Nadelholz, die Dachstangen aus Ahornholz gebaut. Die einzelnen Abschnitte der Gitterwand wurden gedämpft, dann gebogen und auf traditionelle mongolische Weise mit Lederschnüren zusammengebunden. Mit einem Durchmesser von 4,8 Metern, in der Mitte einer Höhe von 2,7 Metern und 1,5 Meter hohen Wänden hatten wir eine mongolische Jurte in Originalgröße geschaffen.

Vier Monate brauchten wir für den Bau dieser Jurte und für die Verwirklichung unseres Traums. Die dafür nötige Energie, der Respekt der Teilnehmer füreinander und die Tatsache, dass alle aufeinander angewiesen waren, um das Projekt zum Abschluss zu bringen, brachten auf vollendete Weise und mehr als alle Worte die hinter dem Projekt stehende Philosophie zum Ausdruck. Viele von denen, die bei dem Projekt mitmachten oder sein Wachstum und seine Vollendung verfolgten, waren sehr berührt.

Heute wandert diese Jurte ganz im nomadischen Stil unter meiner Obhut durch Australien. Ich habe sie bei Konferenzen, auf Festen und an vielen Schulen aufgestellt, und Kinder aller Altersstufen konnten erleben, wie das Leben in einer anderen Kultur aussieht. Unsere Jurte war der Mittelpunkt von Kunst- und Handwerkerfesten und stand im Zentrum von Workshops über Jurten und Filzherstellung. Immer wieder diente sie bei solchen Anlässen als Treffpunkt und lud die Menschen dazu ein, zusammenzukommen und sich auszutauschen. Auf diese Weise ist die Jurte ein lebendiges Ausstellungsstück, das seine Wirkung nicht verfehlt und das auf seinen Reisen immer wieder seine Geschichte erzählt.

Martien Van Zuilen

Die Filzabdeckungen wurden aus Vlies hergestellt, das von Schafzüchtern aus ganz Australien zur Verfügung gestellt wurde.

DIE JURTE BLEIBT IN DER FAMILIE

Alex Walshaw: Nachdem ich einige kalte Winter in Wales in Tipis zugebracht hatte, fand ich die warmen, geräumigen Verhältnisse im Inneren einer Jurte, die ich zum ersten Mal bei einem Besuch bei einem Freund in Bangor in Nord-Wales erlebt hatte, überaus anziehend. Ich hatte dic Jurte meines Freundes an einem bitterkalten Tag betreten und stand dann unvermittelt bei eindeutigen T-Shirt-Temperaturen neben einem gut wärmenden Holzofen. Diese Erfahrung regte mich dazu an, mir eine eigene Jurte zu bauen.

Kurze Zeit später besuchte ich einen Wochenendkurs zum Bau von Jurten bei Hal Wynne-Jones (siehe Seite 28). Statt eines Wochenendes blieb ich drei Monate und baute unter seiner Anleitung meine Jurte. Für die Dachkrone verwendete ich Eschen- und Weidenholz; die Gitterwände wurden aus Edelkastanie gefertigt. Das Gerüst wurde dann mit einer robusten, grünen Zeltplane belegt.

Bei meiner Rückkehr nach Wales stellte ich die Jurte auf dem Grundstück eines Freundes auf. In ihrem Inneren war es warm, gemütlich, ungezwungen und gesellig. Abends kamen Freunde zu Besuch und wir machten Musik.

Solange ich einen großen Haufen trockenes Feuerholz hatte, war alles den ganzen Winter über kuschelig warm. Ich kochte mit einem kleinen Gaskocher oder draußen auf offenem Feuer und wurde ein Meister im Zubereiten von Eintöpfen und im Backen von Streuselkuchen.

War es dann dunkel, strömte das Mondlicht auf unvergleichliche Weise durch das »Oberlicht« in die Jurte, und ich schlief tief und fest, bis mich die ersten Sonnenstrahlen weckten und dazu drängten, das Feuer mit Zweigen zu füttern und Tee zu kochen. Natürlich war nicht immer alles nur lustig und angenehm. Mit nassem Klopapier über einem Loch zu hocken, war sogar ziemlich anstrengend. Das fehlende warme Wasser war es schließlich, das mich zurück in die Welt der Ziegelsteine, des Mörtels und der Elektrizität brachte. Schließlich hatte ich drei überaus befriedigende Jahre zunächst in einer einfachen Rundhütte, dann in einem Tipi und zuletzt in einer Jurte verbracht.

Hal Wynne-Jones

Die von Alex gebaute Jurte steht jetzt auf dem Bauernhof seines Vaters in Lincolnshire, England.

Chris Walshaw: Als mein Sohn Alex mir das erste Mal von seinen Plänen berichtete, die Jurte zu verkaufen und nach Cornwall zu ziehen, war ich sehr besorgt. Ich hatte Alex häufig in der Jurte besucht und brachte sie mit einer besonderen Zeit seines jungen Lebens in Verbindung. Meine Enttäuschung darüber, dass diese wundervolle, selbst gebaute Konstruktion nicht länger in der Familie bleiben sollte, bewegte mich dazu, sie zu kaufen. Dieser Impuls überkam mich nicht, weil ich selbst mit dem Gedanken spielte, in einer Jurte zu wohnen, sondern weil ich die Jurte für eine zukünftige Nutzung durch Alex bewahren wollte.

Die Jurte wurde fachmännisch in Hals Scheune gelagert, ich bezahlte die Lagergebühren und lebte mein Leben als Bauer weiter. Etliche Jahre später brachte ein Freund die Jurte zu mir auf meinen Hof in Lincolnshire. Wir stellten sie sofort auf, und noch am gleichen Abend zog ich mit einer Matratze ein und schlief das erste Mal darin, was ich noch viele wundervolle Spätsommernächte tun sollte. Im Winter und im darauf folgenden Frühjahr schlief ich immer noch im kunstvollen Bau meines Sohnes. Es folgten unterhaltsame Abende, die ich mit Freunden in der einmaligen Akustik der Jurte mit mongolischen Obertongesängen verbrachte. Es dauerte nicht lange, und die Jurte war zu einem bedeutsamen Bestandteil meines Lebens geworden.

Ich stattete sie mit einem neuen Holzofen aus, baute einen neuen Rauchabzug ein und schmückte den Boden mit Matten und Teppichen. Mittlerweile habe ich die Jurte bei jeder Witterung erlebt und den runden Raum durch und durch genossen. Mein allgemeiner Gesundheitszustand wurde deutlich besser, Schnupfen und Erkältungen gehören mittlerweile der Vergangenheit an. Vor allem aber schätze ich die Nähe zur Natur, die Geräusche der Nacht und meinen tiefen, friedlichen Schlaf, wenn ich die klare, kalte Luft atme. Höre ich auf meinem Hof, dass eine Kuh kalbt, kann ich ihr rasch zu Hilfe kommen. Immer wieder bin ich erstaunt darüber, wie gut das Leben in der Jurte zu meiner Arbeit auf dem Hof passt. Auch eine spirituelle Seite wurde dadurch in mir wach gerufen.

Chris Walshaw

Die Jurte von Chris ist ein ungewöhnliches, das ganze Jahr über benutzbares Schlafzimmer mit einer zum Musizieren idealen Akustik.

FERIENJURTEN ZU VERMIETEN

T. A. Allan: Zu Beginn der Neunzigerjahre hat es mit ein paar runden Zelten in einigen Nationalparks begonnen, jetzt können in Oregon für eine bescheidene Grundgebühr insgesamt 146 Jurten in fünfzehn der neunzehn an der Küste und der fünf im Landesinneren gelegenen Nationalparks gemietet werden.

Alle diese Jurten haben Holzfußböden und Holzdecks sowie Fenster aus dickem Plastik. Alle Klappen sind so konstruiert, dass sie hochgerollt und dann festgebunden werden können. (Allerdings sollte man sich dabei vergewissern, sie nach innen und nicht nach außen zusammenzurollen … So erspart man sich nämlich den Schock einer kalten Dusche, wenn man sie wieder herunterlässt.) Die hölzernen Gitterwände sind mit dickem Vinyl verkleidet. Im Sommer werden die Jurten durch einen Ventilator am Dach und seitliche Lüftungen gekühlt, im Winter werden sie durch einen kleinen Heizstrahler warm gehalten. Die Jurten werden von der Firma Pacific Yurts in Cottage Grove, Oregon, hergestellt.

Ob sich die Jurten unter riesige Douglasien kuscheln und so vor dem Küstenwind geschützt sind, ob sie hoch oben auf einer Klippe mit Blick über den weiten Pazifik stehen oder direkt unten am Strand – in einer Jurte zu schlafen, ist immer ein einmaliges Erlebnis.

Tagsüber bieten die Jurten eine helle und fröhliche Umgebung. In der Dämmerung beginnen die Sterne durch das Oberlicht in der Mitte des Dachs hindurchzufunkeln. Sobald es dann richtig dunkel ist, wird der Nachthimmel lebendig, und die glitzernden Sterne setzen zu ihrem nächtlichen Tanz an. Sternbilder ziehen vorüber, Sternschnuppen schießen durch die Randbereiche des Gesichtsfelds. Mit etwas Glück können wir mit dem herannahenden Morgen beobachten, wie Dutzende von heimischen Vögeln und Zugvögeln in der Luft eine Art Marionettenspiel aufführen, durch das Licht der Dämmerung von hinten beleuchtet.

Und die ganze Zeit über hört man den tröstenden Gesang des Ozeans, der unten an die Küste rauscht.

T. A. Allen

In den Nationalparks von Oregon, USA, können Jurten gemietet werden, je nach Jahreszeit auch mit blauem Himmel inklusive.

FRIEDLICH STEHEN DIE JURTEN IM TAL

Jane Taka: 1993 kehrten mein Bruder Ian und ich in die Türkei, das Land unserer Kindheit, zurück. Zusammen mit meinem türkischen Mann Tanfer schufen wir im Süden des Landes einen Ort, an dem Feriengäste in völliger Abgeschiedenheit Urlaub machen konnten. Huzur Vadisi hieß dieser Ort, was »friedliches Tal« bedeutet. Die Unterkünfte sollten etwas von der Kultur der Turkvölker zeigen und bewahren – einer Kultur, deren Verbreitungsgebiet sich von der Mongolei bis in das Gebiet der heutigen Türkei erstreckt. Außerdem wollten wir, dass sich die Bauten harmonisch in die Landschaft einfügen und das Gefühl eines intimen Kontakts mit der Natur entstehen lassen.

Jurten gibt es seit mehr als tausend Jahren. Wie bei allen erfolgreichen Konstruktionen liegt das an ihrer Einfachheit und ihrer Funktionalität: am Gerüst aus gebogenen Hölzern, am Kuppeldach und der leichten Transportierbarkeit. Die Struktur einer Jurte hat auch eine spirituelle Dimension: Die zentrale Feuerstelle unter der Dachöffnung, dem so genannten »Auge des Himmels«, repräsentiert die Erde. Unter diesem »Himmelsauge« zu schlafen und über sich den Mond und die Sterne ihre Kreise ziehen zu sehen, gehört zu den größten Freuden des Lebens in einer Jurte. Umschlossen von seinen runden, einem Schoß ähnlichen Wänden fühlt man sich allen Nomadenvölkern verbunden, die seit Jahrhunderten jurtenähnliche Behausungen bewohnen.

Für den Bau unserer Jurten suchten wir in der Türkei nach den richtigen Materialien. Für das Holzgerüst fanden wir die geeigneten jungen Kastanien in einem etwa tausend Kilometer entfernten Wäldchen an der Schwarzmeerküste. Die Stangen wurden mit Kamelen aus dem Wald geholt und dann auf einem Lastwagen in den Süden transportiert. In Handarbeit schälten wir die Rinde ab, schmirgelten und dämpften die Äste, bogen aus ihnen die Dachstreben zurecht und ölten sie ein. Für unsere sechs originalgetreuen Jurten bohrten wir insgesamt 10 000 Löcher in diese Stangen, durch die die Schnüre gezogen werden konnten, welche die Gitterwände zusammenhalten.

Traditionell werden die Jurten mit dem ältesten aller bekannten Stoffe, mit Wollfilz,

Jane Taka

Die zwischen Oliven und Kiefern versteckten Jurten in Huzur Vadisi fügen sich harmonisch in ihre Umgebung ein.

bedeckt. Dieses Material hat wundervolle Isolierungseigenschaften und schützt vor Hitze wie vor Kälte. Zunächst mussten wir jedoch einen Filzmacher finden, der die von uns benötigten großen Mengen herstellen konnte. Für die Produktion kleinerer Gegenstände findet Filz in der Türkei immer noch Verwendung; nach den Filzmengen, die wir brauchten, wurde jedoch seit mindestens einer Generation nicht mehr gefragt. Jede unserer Jurten hat einen Durchmesser von 5 Metern und ist etwa 3 Meter hoch; insgesamt benötigten wir 360 Quadratmeter Filz. In Afyon stießen wir schließlich auf den Filzmacher Ahmet Vatandas, der das Handwerk der traditionellen Filzherstellung beherrschte und uns zu helfen versprach. Die große Dampfpumpe, mit der die Wollfasern zu einer breiartigen Masse zerstampft werden, war in seiner kleinen, mittelalterlich anmutenden Werkstätte die einzige Konzession an die Neuzeit. Ahmet hat den Filz mit traditionellen Mustern aus Wolle in schwarzer Kontrastfarbe geschmückt, das Firmenemblem von Huzur Vadisi zeigt diese Muster ebenfalls.

Nachdem wir den Filz zweimal ersetzen mussten, gaben wir uns geschlagen (wie viele der traditionellen Jurtenbewohner auch) und nahmen Zeltplane als Abdeckung. Alles, was sich irgendwie fortbewegte und über Beißwerkzeuge verfügte, wollte unseren Filz fressen oder für den Nestbau stehlen. Zwar haben unsere Jurten dadurch heute eine andere Atmosphäre, diese ist jedoch genauso zauberhaft wie früher. Von innen ist das Muster der Blätter der Olivenbäume auf dem Stoff zu sehen, nachts sind die Jurten von einem weichen Licht erleuchtet und ähneln riesigen chinesischen Lampions. In Anlehnung an die Konstruktion der modernen kasachischen Jurte bauten wir auch zwei kleinere Jurten, für deren Gerüst wir mit Maschinen bearbeitete, in leuchtenden Farben bemalte Stangen verwendeten. Diese Jurten erzeugten eine ganz andere Atmosphäre als die größeren Jurten mit ihren Naturfarben und ihrem Gerüst aus geöltem Holz.

Tanfer Taka

Tanfer Taka

Ian Worrall

Oben links: Die aus dem Holz junger Kastanien bestehende Dachkrone. Oben rechts: Wird Filz in Handarbeit hergestellt, muss die Wolle zuerst gelockert werden, damit sie möglichst gleichmäßig ist. Unten: Naturnahes Wohnen in Huzur Vadisi.

ÜBERRASCHENDE LÖSUNGEN FÜR DAUERHAFTE BEHAUSUNGEN

Dan und Emma Kigar: 1975 stand die Bewegung »zurück aufs Land« auf ihrem Höhepunkt. Wir bewohnten damals eine 200 Hektar große, weglose Wildnis im US-Bundesstaat Michigan unweit von Ann Arbor und beschlossen, unser erstes Tipi zu bauen, um auf diese Weise eine erschwingliche Behausung zu haben, während Emma ihr Studium in Umweltwissenschaften beendete. Kurz darauf überließen wir das Tipi der alternativen Bildungseinrichtung Earthworks, auf die auch der Name für unsere Tipimodelle zurückgeht. Kurz danach zogen wir nach Breckenridge in Colorado. Dort wohnten wir auf 3400 Meter Höhe drei Jahre lang ununterbrochen in einem Tipi. In dieser Zeit wurden wir zu erfahrenen Tipibewohnern und unternahmen zugleich unsere ersten Gehversuche als Unternehmer, indem wir für Freunde und Nachbarn Tipis bauten.

Als Breckenridge städtischer und touristischer wurde, zogen wir weiter nach Alma, Colorado (die höchstgelegene Stadt in den USA) und ließen uns schließlich 1980 in Ridgway in den Ausläufern der San-Juan-Berge nieder. Die Produktionsräume unserer Firma Advance Canvas Design im renovierten historischen Sherbino-Theater mitten in Ridgway wurden bald zu klein. Mit Unterstützung durch das regionale Wirtschaftsförderungsprogramm kauften wir 1994 in Montrose, Colorado, ein Gebäude mit einer Grundfläche von 550 Quadratmetern, das allerdings bereits sechs Jahre später ebenfalls zu klein wurde, so dass wir im Sommer 2000 erneut in ein größeres Gebäude umziehen mussten.

Unsere wachsende Firma rühmt sich, erschwingliche Alternativen zu traditionellen Hausformen herzustellen. Preiswert zu wohnen und freier Unternehmer zu sein, sind zwei wichtige innere Werte für die amerikanische Seele, und wir konnten beides miteinander verbinden. Inspiriert wurden wir zu unseren markanten Konstruktionen von der Geschichte und der Tradition der nomadischen Kulturen. Unsere Tipis wurden nach dem Vorbild der mit Hilfe von drei langen Stangen errichteten Tipis der Lakota konstruiert, verfügen aber zusätzlich über die typischen Rauchklappen der Cheyenne-Tipis. Moderne Versionen der mongo-

Advance Canvas Design

Im Ridgway State Park, Colorado, USA, lädt die Jurte nach einem Tag im Kajak zum Kuscheln ein.

lischen Jurten oder *Gers* ergänzten das Programm.

Tipis und Jurten erfreuen sich mittlerweile einer wachsenden Beliebtheit als bequeme und stabile Behausungen für Sommer-Camps, auf Campingplätzen und als Wochenendhäuschen. In vielen Regionen der USA kann man in abgelegenen Landstrichen Sommer- und Winterabenteuer in Tipis erleben. Wo es keine Stromversorgung gibt, können Photovoltaikanlagen zur Stromerzeugung genutzt werden; zum Heizen dienen Öfen, deren Rauchabzug sich in die Konstruktion des Tipis integrieren lässt.

Für uns ist Advanced Canvas Design nicht nur ein Geschäft, sondern auch ein Mittel für gesellschaftliche Veränderungen. Unsere zweiundzwanzig Angestellten sind unmittelbar in die täglichen Aktivitäten der Firma eingebunden und bestimmen so die eingeschlagene Richtung mit; sie bilden ein eingeschworenes und sehr engagiertes Team. Als Gegenleistung für ihre harte Arbeit bekommen sie einen höheren Lohn als sonst üblich, was es ihnen ermöglicht, persönliche Zielsetzungen zu verfolgen.

Natürlich erleben auch wir viele Frustrationen und haben die gleichen Herausforderungen zu bestehen wie die Inhaber anderer kleiner Firmen. Hochwertige Produkte herzustellen, sinnvolle Beschäftigungsmöglichkeiten zu bieten und unseren Sohn im Westen Colorados großzuziehen, sind jedoch immer wieder Lohn und Rechtfertigung dafür, die gewaltige Aufgabe einer weiter wachsenden Firma auf sich zu nehmen.

Advance Canvas Design

Gemalte Wildpferde tanzen über die Zeltplanen der beleuchteten Tipis in den San-Juan-Bergen in Oury, Colorado, USA.

FAMILIENFREUDEN, FESTLICHKEITEN UND FOLKLORE

Johnny Morris: Unser Häuschen und unser Familienbetrieb liegen ganz in der Nähe von Wolf Glen im Süden Schottlands. Diesem Ort verdanken wir auch den Namen unserer Firma – er ist die perfekte Kombination aus schottischen und indianischen Symbolen. Wir stellen in Handarbeit Tipis im Stil der Sioux her.

Nach meinem Schulabschluss studierte ich Architektur, merkte aber, dass dies nicht das Richtige für mich war, und begab mich für einige Zeit auf Reisen. Schließlich beschloss ich, mein Leben nur noch im Freien zu verbringen. Auf dem Gelände eines alten Steinbruchs baute ich mir eine einfache Hütte und lebte darin, bis eines Tages ein Freund von mir mit einem Tipi auftauchte. Das Tipi gefiel mir, denn man konnte darin ein offenes Feuer machen und das ganze Jahr darin leben. Die Möglichkeit, Feuer zu machen, schien mir ein großer Gewinn zu sein. Daher baute ich mir mein eigenes Tipi und übernahm dabei die Konstruktion des Tipis meines Freundes. Nach sechs Monaten war das Tipi fertig, und ich lebte daraufhin drei Jahre bei jeder Witterung darin. Die Winde im Süden Schottlands sind kalt, doch wenn Tipis eine Innenbespannung haben, sind sie im Winter mollig warm.

Nach einigen Jahren wollten Freunde, die mich besuchten, alles Mögliche über mein Tipi erfahren. Ich erkannte die Marktlücke und begann, auf Musikfestivals und Handwerkermärkten Prospekte über meine handgefertigten Tipis in Umlauf zu bringen. Seitdem ist das Bauen von Tipis zu einem richtigen Geschäft geworden, und mittlerweile leben meine Familie und ich das ganze Jahr davon.

Den wasserundurchlässigen und verwitterungsbeständigen robusten Stoff für meine Tipis nähe ich von Hand oder mit einer einfachen Nähmaschine mit Fußantrieb. Entscheidet sich der Kunde für ein verziertes Tipi, entwirft meine Partnerin Moy die Bemalung der Außenhaut. Wenn ich sehr viel zu tun habe, helfen ein paar Leute aus der Gegend dabei, die Stangen auf die richtige Länge zu bringen, die Rinde abzuschälen usw.

Wir nehmen unsere Tipis auch auf ganz normale Jahrmärkte und Veranstaltungen mit; in der Alternativszene gibt es schließlich haufenweise Tipis zu Schleuderpreisen. Auf

Johnny Morris

Wenn der Blick nachts nach oben fällt, scheinen die Tipistangen fast die Sterne zu berühren, und die Rauchklappen geben den Blick frei auf den pechschwarzen schottischen Nachthimmel.

diese Weise bieten wir auch ganz gewöhnlichen Menschen die Chance, sich einmal in einem Tipi aufzuhalten und vielleicht etwas über Kultur und Lebensweise der nordamerikanischen Indianer zu erfahren. Diese Lebensform übt auf mich eine große Anziehungskraft aus, aber es ist schwer, sie hier und jetzt zu leben; daher versuche ich zumindest, alles, was ich aus ihr gelernt habe, auf die beste Weise umzusetzen.

Unsere Tipis können auch gemietet werden; mit den Vermietungen erzielen wir die Hälfte unseres Einkommens. Sie eignen sich für Parties, zum Geschichtenerzählen, für Heilbehandlungen – einfach für alles! Einmal haben wir für ein Paar, das sich darin standesamtlich trauen ließ, ein Tipi geschmückt und mit einem Teppich ausgelegt.

Vom ersten Auftrag an benötigte ich ungefähr einen Monat bis zur Fertigstellung und Auslieferung eines Tipis. Im Allgemeinen gehe ich persönlich zu meinen Kunden und zeige ihnen, wie das Tipi aufgebaut wird. Man muss dabei nämlich den richtigen Dreh heraushaben; werden beispielsweise die Stangen nicht auf die richtige Weise zusammengestellt, ist das Tipi auf Dauer nicht stabil genug. Das Aufstellen eines Tipis nimmt einschließlich Feuermachen ungefähr eine Stunde in Anspruch; wenn es eine Innenbespannung hat und auf einer Unterlage steht, braucht man etwas mehr Zeit.

Mein Lieblingstipi war ein fünf Meter hohes Tipi, das ich für meine Familie gebaut hatte. Es war bereits gut eingewohnt und innen schön »eingeraucht«, als mich ein Freund um genau ein solches Tipi bat. Nun habe ich es ihm verkauft.

Was die Zukunft anbelangt, hoffe ich, dass noch viel mehr Leute von meinen Tipis erfahren und dass mein Geschäft blüht und gedeiht und weiter expandiert.

Johnny Morris

Oben links: Eine Gruppe von Tipis beim Lanarkshire-Festival. Oben rechts: Auf einem schottischen Umweltschutztreffen flattern die Fahnen für Wolf Glen. Unten: Spass bei einem Familienfest.

FANTASIEVOLLE FAMILIENFERIEN

Elizabeth Tom: Vor ungefähr zehn Jahren schuldete uns jemand Geld und bot uns statt dessen ein 5,5 Meter hohes Tipi im Stil der Sioux an, komplett mit Zeltstangen, einer bemalten Innenbespannung, Kaminböcken und Kessel; auch eine gebundene Ausgabe der »Bibel« jedes Tipienthusiasten, »The Indian Tipi« von Reginald und Gladys Laubin, fehlte nicht. Einige Jahre lang lebten wir mit unserer ständig wachsenden Familie immer wieder für eine gewisse Zeit in diesem Tipi; mittlerweile haben wir vier Kinder, die alle ihre Ferien im Tipi verbracht und dort auch ihre Feste gefeiert haben und sich im Stangenzelt genauso zu Hause fühlen wie in einem festen Haus – sie bevorzugen aber eindeutig das Leben im Tipi.

Sobald wir irgendwo ein Tipi aufstellten, merkten wir, dass die Menschen davon magisch angezogen wurden, näher kamen und am liebsten hineingekommen wären. Diese Anziehungskraft beruht teilweise wohl auf Fantasievorstellungen, ist zum anderen aber auch ganz real. Vor fünf Jahren begannen wir, in Cornwall Ferien im Tipi anzubieten, um anderen Menschen die Möglichkeit zu geben, eine sehr ursprüngliche Lebensweise in der Schönheit des ländlichen Cornwall im Südwesten Englands zu erfahren.

Mittlerweile stehen rund dreißig Tipis von uns auf dem Gelände eines ehemaligen Steinbruchs, das inzwischen zu einer Oase für die heimische Flora und Fauna geworden ist. Ein großer Süßwassersee lädt zum Schwimmen, Bootfahren und Angeln ein; die eindrucksvolle Küstenlandschaft und die Strände Nordcornwalls sind nur wenige Autominuten entfernt. Innen fehlt es den Tipis an nichts, die Einrichtung entspricht in etwa unserem Familientipi. Es gibt Tipis, die in Gruppen angeordnet sind, und andere, die einzeln auf großen Lichtungen stehen. Wir bieten unseren Gästen einen familienorientierten Urlaub mitten in der Natur: mit sternenübersätem Himmel, Feuer im Freien, wilden Blumen und der Möglichkeit, dass die Kinder frei und unbeschwert umherlaufen können.

Elizabeth Tom

Eine Alternative zu Pauschalreisen: Tipitouristen führen in Cornwall ein unbeschwertes Campleben.

SPIRIT-OF-MUSIC-CAMPS

Ingrid Crawford und Romilla: Das erste Spirit-of-Music-Camp fand 1995 statt. Es dauert jeweils zehn Tage und wird zweimal im Jahr an einem idyllischen Platz in Devon im Südwesten Englands in Sichtweite des Dartmoors abgehalten. Auf einem nahe gelegenen Hügel steht ein Steinkreis, keine drei Kilometer entfernt gibt es eine alte Hügelbefestigung; das prächtige Tal des Flusses Teign, bestens geeignet für Spaziergänge oder zum Schwimmen, ist ebenfalls ganz in der Nähe. In einem »Willkommenszelt« begrüßen wir die Ankömmlinge, außerdem gibt es ein großes Zelt für Veranstaltungen und ein Kinderzelt; Schlafmöglichkeiten bieten sich rund um den dorfeigenen Rasenplatz und auf dem dahinter liegenden Campingplatz.

Das Gelände des Camps ist für Autos und andere Fahrzeuge gesperrt, auch Hunde sind nicht zugelassen. Es gibt keinen Strom und andere Ablenkungen des 21. Jahrhunderts, Mobiltelefone ebenfalls nicht. Alles bewegt sich um das zentrale Feuer, an dem das Essen zubereitet wird. Abends beginnt das Musizieren, einzeln oder mit Begleitung, und dauert oft bis zum Morgengrauen an. Alle möglichen Musikstile sind zu hören, viele verschiedene Instrumente erklingen. Gelegentlich wird auch getanzt – die Palette reicht von bretonischen Volkstänzen bis zum Bauchtanz. Das Gefühl des Einsseins, Lächeln und Blicke, die sich über das Feuer hinweg treffen – all dies hat auf die Anwesenden immer eine tiefe Wirkung.

Tagsüber finden musikalische Workshops sowie Veranstaltungen für Kinder statt. Überall kommt es zu Jam-Sessions, Ideen und praktische Tipps werden ausgetauscht. Von irgendwoher schweben immer Töne durch die Luft. Auf dem Parkplatz stehen meist einige Wohnwagen und Wohnmobile, aber wir legen den Besuchern nahe, auf dem Gelände zu kampieren. Dort werden die unterschiedlichsten Behausungen aufgestellt: Tipis, Jurten, Zelte, Rundhütten. Einige der Bauten sind permanent bewohnt, andere nur ab und zu.

Das Spirit-of-Music-Camp ist offen für alle. Es ist eine Möglichkeit, aus dem alltäglichen Leben auszubrechen, unsere Last abzuwerfen und uns ohne Ablenkung unserem wahren Kern zu widmen.

Ingrid Crawford

Die bunt bemalte und mit Handabdrücken versehene Plane ist das Erkennungszeichen des Tipis von Fergus, einem Dudelsackspieler und Gründungsmitglied der Spirit-of-Music-Camps, die im Südwesten Englands in Dartmoor stattfinden.

DIE ZELTE DER NOMADEN

Mohammed Esaqzai Aimaq: Ich gehöre zu einem der größten Stämme der Kuchi in Afghanistan. Wir sind nomadisch lebende Weidehirten, ohne uns dabei streng an bestimmte Routen zu halten. Wir folgen einfach unseren Schafen und Ziegen bei ihrer Suche nach Nahrung. Zu Fuß und auf Kamelen legen wir so im Gebirge und in den Flußtälern Hunderte von Kilometern zurück. Im Moment halten wir uns gerade in der Provinz Herat im Nordwesten Afghanistans auf. Danach werden wir in die etwa 200 Kilometer entfernte Provinz Farah weiterziehen.

Unsere traditionellen Zelte werden *Khaimeh* genannt, die größeren heißen *Qhazdhi*. An jeder neuen Lagerstätte werden sie innerhalb weniger Stunden aufgestellt. Häufig kehren wir immer wieder an dieselben Plätze zurück, so dass die niedrigen Erdwälle um die Zelte herum nicht jedes Mal neu gebaut werden müssen. Die Zelte selbst haben eine Lebensdauer von fünf bis zehn Jahren.

Die *Khaimeh* bestehen aus einer Reihe breiter, aus Ziegenhaar gewebter Stoffbahnen (wofür das gröbere Außenhaar genommen wird und nicht die weiche Kaschmirwolle darunter). Manchmal wird der Stoff auch aus Wolle gewebt, jener aus Ziegenhaar ist jedoch besonders geeignet, weil er ausgesprochen strapazierfähig ist. Wir stellen unser Garn von Hand her (und zwar mit einem kreiselähnlichen Gerät, nicht mit dem Spinnrad) und verwenden dabei je nach Verfügbarkeit auch alle möglichen Mischungen aus Wolle und Ziegenhaar. Unsere Zelte sind schwarz, weil die Ziegen ebenfalls schwarz sind.

Zum Bau der Zelte benutzen wir drei Reihen aus vier bis sechs Holzstangen, von denen die mittlere Reihe die höchste ist. Einige Zelte sind immerhin fast drei Meter hoch. Diese senkrechten Stangen werden dann mit Firststangen verbunden. An den äußeren Stangenreihen werden Spannseile befestigt. Meistens handelt es sich dabei um moderne Nylonseile, obwohl wir auch aus Ziegenhaar oder Hanf hergestellte Seile verwenden. In Afghanistan gibt es heute leider kaum noch Holz, so dass Ersatzstangen von Pakistan oder aus dem Iran eingeführt werden müssen, wenn wir keinen Bauern finden,

Ruaraidh Petre

Zelte der Esaqzai Aimaq in der Nähe von Zendajan in Westafghanistan während einer schweren Dürre.

der ein paar Bäume hat und bei dem wir etwas Holz eintauschen können.

Nachts beherbergen unsere Zelte nicht nur die Menschen, sondern auch die Schafe und Ziegen. Den Innenraum der Zelte unterteilen wir mit Wänden in drei Bereiche, einen für die Menschen, je einen für das Vieh und die Küche. Wir ziehen mit etwa 2000 Schafen, 200 Ziegen und 50 Kamelen umher. Insgesamt haben wir acht Zelte; in jedem wohnt eine Familie mit bis zu acht Familienangehörigen. Die *Khaimeh* sind unterschiedlich groß, das größte *Qhazdhi* ist ein Viereck mit einer Kantenlänge von acht Metern und in der Mitte einer Höhe von etwa drei Metern.

Das Spinnen und Weben von Ziegenhaar ist ausgesprochen zeitaufwendig. Viele Kuchi-Gruppen flicken ihre Zelte daher mit anderen Materialien oder verwenden schon bei ihrem Bau moderne Zeltplanen. Da es in diesem Gebiet schon lange viele Flüchtlinge und aus ihren Heimatdörfern vertriebene Menschen gibt, finden bei den Kuchi auch große Zelte des UNHCR (des Uno-Flüchtlingskommissariats) oder Zelte anderer Hilfsorganisationen Verwendung. Immerhin – unser Stamm hat überlebt. Vor fünfzig Jahren behauptete der europäische Forscher Wilfred Thesiger, dass es in wenigen Jahren die Kuchi nicht mehr geben werde, aber wir sind immer noch da. Wir leiden unter den extremen klimatischen Bedingungen wie schweren Dürren, aber im Laufe der Zeit haben sich unsere Systeme immer weiter entwickelt und haben daher auch unter großen Belastungen Bestand.

Ruaraidh Petre

Oben: Die Aimaq kehren über etliche Jahre immer wieder an die gleichen Plätze zurück und stellen jeweils die alten Erdwälle wieder instand. Unten links: Angehörige des Esaqzai-Clans mit ihrem Führer Mohammed. Unten rechts: Sanam Gul repariert ein Zelt. Die Frauen der Aimaq spinnen das Garn und weben das Tuch für die Zelte selbst.

WO DAS GRÜN GRÜNER UND DAS EIGENE HAUS IN HANDARBEIT HERGESTELLT IST

Mike Hannis: Gemeinsam mit den anderen Mitgliedern des Kollektivs von Kings Hill lebe ich auf einem etwa 1,6 Hektar großen Gelände im englischen Somerset in einer von sechzehn Behausungen, die größtenteils Varianten traditioneller zeltartiger Hütten darstellen und kaum in die Umgebung eingreifen. Die seit Jahrtausenden in ihren Grundzügen unverändert gebliebene Bauweise dieser Hütten passt perfekt zu einer nachhaltigen Bewirtschaftung des Landes und lässt die Behausungen organisch aus ihrer Umgebung herauswachsen.

Für das Grundgerüst einer solchen Hütte werden die dickeren, im Durchmesser 3 bis 5 Zentimeter messenden Enden von Haselruten etwa 15 bis 30 Zentimeter in den Boden gesteckt. Die dünneren Enden werden paarweise miteinander verflochten, so dass entweder eine Reihe von hintereinander stehenden Bögen für eine tunnelartige Behausung entsteht oder einander gegenüberliegende, in einem Kreis stehende Stangen zu einer Kuppel verbunden werden. Weitere Holzstangen werden dann in horizontaler Richtung damit verflochten und zur Stabilisierung der ganzen Konstruktion nochmals weitere diagonal dazwischen geschoben und an allen Kreuzungspunkten mit Stricken fest zusammengebunden.

Das Gerüst wird dann mit Segeltuch oder Zeltplane belegt. Diese Abdeckung wird an Pflöcke gebunden, damit sie vom Wind nicht davontragen werden kann. Bei der Wahl der Materialien für die Abdeckung sind Stoffe aus Naturfasern Plastik generell vorzuziehen. Plastik ist zwar absolut wasserdicht, atmet aber nicht und lässt daher weder Kondenswasser noch Wasserdampf entweichen. Wird eine solche Behausung ganzjährig bewohnt, ist eine gute Isolierung wichtig. Mehrere Schichten aus Zeltplanen und Decken lassen mit Luft gefüllte Zwischenräume entstehen, durch die die Wärme im Inneren der Hütte gehalten wird. Der Fußboden wird normalerweise mit Teppichen oder Fellen bedeckt; eine Unterlage aus ausgedienten Paletten isoliert zwar hervorragend gegen den Boden, kann aber auch unerwünschten Nagern ein traumhaftes Zuhause bieten.

Unsere zeltartigen Hütten werden mit

Ingrid Crawford

Der Frühling am Kings Hill in England zeigt sich in einer Orgie aus Grüntönen. Überall stehen kleine zeltartige Hütten, bei Nacht lodern fröhliche Feuer.

Holzöfen geheizt. Die Ofenrohre werden durch Metallplatten hindurchgeführt, die in die Plane eingesetzt werden; da derartige Hüttenkonstruktionen sehr leicht entflammbar sind, ist es von lebenswichtiger Bedeutung, sich über Feuergefahren im Klaren zu sein. Licht spenden Kerzen, Öllampen oder Niedervoltlampen, die mit Strom von Sonnenkollektoren oder aus Windkraft versorgt werden. Aus einem Bohrloch beziehen wir sauberes, unbehandeltes Wasser, außerdem benutzen wir Erdklos und Komposttoiletten.

Aus mindestens drei Gründen entscheiden sich Menschen dazu, an Orten wie Kings Hill zu leben. Der wahrscheinlich wichtigste Grund ist der Wunsch, Lebensformen zu entwickeln, die dem Prinzip der Nachhaltigkeit entsprechen. Um mit einem alten Klischee zu sprechen, sind wir alle lieber Teil der Lösung als Teil des Problems. Zweitens sind die beschriebenen Behausungen organische Strukturen, die den Charakter ihrer Erbauer und Erbauerinnen zum Ausdruck bringen. Für viele Menschen ist es eine sehr lohnende Erfahrung, der Natur nahe in einer Behausung zu leben, die sie selbst bauen und erhalten können. Und schließlich ist für einige Menschen eine selbst gebaute Behausung die einzige Möglichkeit, um auf einfachem und leicht erschwinglichem Weg der Kälte zu entkommen. In unserer reichen westlichen Welt kann auf vielerlei Wegen Obdachlosigkeit entstehen, nicht zuletzt dadurch, dass Häuser zu vermarktbaren Gütern werden. Geringverdiener können oft keine erschwingliche Unterkunft finden, die ihren Bedürfnissen entspricht. Wenn jedoch findige Menschen auf Obdachlosigkeit reagieren, indem sie sich praktisch aus nichts ihre eigenen rudimentären Behausungen schaffen, finden sie sich auf einmal in einem juristischen Minenfeld wieder. Wir, die zwanzig Mitglieder des Kollektivs von Kings Hill, haben erst kürzlich einen siebenjährigen Rechtsstreit gewonnen, in dem es um unser Recht ging, auf unserem Gelände in solchen Hütten zu leben. Durch Fälle wie den unseren beginnen die britischen Behörden endlich anzuerkennen, dass es möglich ist, einfach auf dem Land zu leben, ohne dieses dabei zu zerstören.

Ingrid Crawford

Brian Monger

Mike Hannis

Mike Hannis

Jede der Hütten am Kings Hill ist genauso einmalig wie ihre Besitzer, und alle haben sie dem englischen Wetter standgehalten.

PROTEST UND ÜBERLEBEN

Sim: Während der Demonstration gegen eine Straßenverbreiterung in Devon im Südwesten Englands wohnte ich in einer gemeinschaftlich genutzten, großen zeltartigen Hütte im Protestcamp von Fairmile. Sie stand allen offen, und zu jeder Uhrzeit war dort jemand wach und regte sich. Mobiliar gab es nicht, denn wir wussten nie, wann es zur Zwangsräumung kommen würde.

In der Hütte stapelte sich das Bettzeug der Leute, außerdem gab es haufenweise gemeinschaftlichen Krimskrams – meistens Sachen, die irgendwer hier zurückgelassen hatte. Abends beim Einschlafen konnte ich die Leute in der Runde um das Feuer herum miteinander plaudern hören – Besuch hatten wir reichlich. Zuletzt war unser Camp international bekannt, und in regelmäßigen Abständen ließen sich sogar Leute vom Fernsehen blicken. Wir brauchten jede Hilfe und alle Spenden, die wir nur auftreiben konnten.

Von meinem Bett aus konnte ich die Dachse hören, die nachts den Kompost durchwühlten. Die Tiere des Waldes gewöhnten sich an uns: Manchmal stellten wir fest, dass ein Eichhörnchen ein Glas mit Erdnussbutter geöffnet und den ganzen Inhalt vertilgt hatte. Einmal huschte eines vor unseren Augen mit einem riesigen Riegel Schokolade, den es gerade stibitzt hatte, einen Baum hoch. Am Ende schliefen vielleicht dreißig Leute in der Gemeinschaftshütte. Nachts hüllte man sich einfach in einige zusätzliche Schichten Kleidung. Und beim Aufwachen lag Eis auf dem Federbett.

Unsere Gemeinschaft hielt die Erinnerung an etwas Altes, Archaisches wach. Orte in der Natur, deren Zerstörung kurz bevorsteht, haben eine sehr starke Energie, die irgendwie auf die Menschen übergeht, die versuchen, diese Orte zu retten. Dort wird ein besonderer Zauber lebendig, der allen, die sich dort aufhalten, frische Kraft schenkt.

Ingrid Crawford

Einfaches Leben im Protestcamp in Fairmile in Devon im Südwesten Englands. Rechts unten: Der Gemüse- und Kräutergarten mit einem mit einer Plastikplane bedeckten Geräteschuppen.

EIN WARMER UND WILDER PLATZ

Ingrid Crawford: Der Weg nach Beneficio führt durch Eukalyptushaine auf eine sonnige Wiese, auf der jede Menge Tipis stehen. Ein Wasserlauf an einer Seite der Wiese bietet eine Möglichkeit zum Waschen; Kinder können sich dort stundenlang vergnügen. Der Pfad schlängelt sich weiter durch das Tal, vorbei an zeltartigen Hütten.

Hoch oben auf dem Felsvorsprung stehen stolz die Tipis und leuchten weiß in der Sonne. Big Lodge, die große Hütte, und der Versammlungsplatz liegen ebenfalls auf einem höher gelegenen Teil des Geländes. Dahinter erstreckt sich ein Gemüsegarten, der über Schlauchleitungen aus Wasserkanälen künstlich bewässert wird. Die Big Lodge steht allen offen. Zweimal am Tag wird dort gekocht; beim Essen kreist ein Hut für Spenden, mit denen dann auf dem Markt in der Stadt Lebensmittel, frisches Gemüse und Obst eingekauft werden. Es gibt Nächte, in denen Trommelschläge, der Klang der Gitarren und Gesang das große Zelt zum Erbeben bringen.

Vor zehn Jahren hatte ein Paar den Wunsch, in Spanien ein Grundstück zu finden. Die beiden lebten damals in Wales, wo die Winter nass und kalt sind, und wünschten sich einen warmen, wilden Ort, an dem sie überwintern konnten. Sie stießen auf Beneficio und kauften dort nach und nach etwas Land. Zu Beginn lebten sie mit einer kleinen Gruppe von Freunden in Tipis. Es war ihnen wichtig, das Land nicht seines Reichtums und seiner erhabenen Schönheit zu berauben, und ihr starker Glaube an spirituelle Dinge führte sie zu einem sanften, behutsamen Umgang mit dem Land. Nur Behausungen aus Materialien, die in der Natur vorkamen, wurden aufgestellt; dazu gehörten Jurten, Tipis und zeltartige Hütten. Von schmalen Verbindungspfaden abgesehen, überließen sie das Land dazwischen mit großem Respekt sich selbst.

Obwohl das Gründungspaar mittlerweile weitergezogen ist, leben in Beneficio immer noch einige der ursprünglichen Bewohner. Das Land ist inzwischen abbezahlt und beherbergt eine Vielzahl von Reisenden aus aller Herren Ländern.

Ingrid Crawford

Verschiedenartige Behausungen in Beneficio in Südspanien. Oben eine einfache Jurte inmitten des eines üppig grünen Gartens. Links unten ein bemalter Wigwam vom Dragon-Festival, rechts unten Big Lodge, das grosse Zelt, in dem das Essen gekocht wird.

EIN PERMAKULTURPARADIES

Maria Sperring: 1990 kam ich auf der Suche nach Frieden und auf meinem Weg zurück zur Natur nach Frankreich. Ich wollte Gartenbau betreiben und stieß nach zehn Tagen auf Le Blé, einen alten Bauernhof mit Scheune. Drei Hektar Ackerland, Wald und ein Fluss gehörten dazu. Der Name geht auf den französischen Titel eines Romans von Colette zurück, den ich gerade las. Obwohl schon seit dreizehn Jahren unbewohnt, von Dornengestrüpp und Brennnesseln umgeben, war das Anwesen dennoch in recht gutem Zustand.

Nachdem ich Le Blé mit einem Kredit gekauft hatte, fand ich mich mit sechsundzwanzig Jahren pleite, ganz auf mich allein gestellt und ohne ein Wort Französisch zu sprechen in Frankreich wieder. Mit der Unterstützung einer Vereinigung, die sich für den biologisch-organischen Landbau einsetzte, einigen Handbüchern für Heimwerker und viel Ausprobieren begann ich mit den Renovierungsarbeiten. Schließlich konnte ich mein Gästehaus in der Abgeschiedenheit eröffnen. Es war harte Arbeit, aber die Freuden und Belohnungen wogen den Schweiß und die Ängste der frühen Jahre allemal auf.

Da ich nicht über ein regelmäßiges Einkommen verfügte, hielt ich alles so einfach wie möglich und verwendete die verfügbaren Ressourcen, so gut es ging. Da ich auf dem Grundstück Wald hatte und darüber hinaus viel Zeit, baute ich mir die Gartengebäude selbst, statt sie zu kaufen. Zunächst errichtete ich aus miteinander verflochtenen Haselnussruten einen Tunnel, den ich mit einer Plastikhaut versah. Nachdem ich damit Erfolg hatte, wagte ich mich an eine größere Konstruktion, in der auch mehr Camper Platz finden konnten: Das Ganze ist ein Mittelding zwischen drinnen und draußen, das auf angenehme Weise Schutz vor sommerlichen Regenschauern bietet. Mit Platz für fast zwanzig Personen ist es bei Workshops ein wundervoller Ort zum Essen. Darüber hinaus lassen sich hier im Mai Frühsalat und Bohnen ernten, im Oktober gibt es Paprika, Tomaten und Weintrauben.

Das achteckige Gewächshaus mit einer Seitenlänge von 2,8 Metern bildet eine Ergänzung zum angrenzenden, von acht Pfa-

Maria Sperring

Die ersten Gartenhäuser von Maria bestanden aus einem Geflecht gebogener Haselruten und Plastikplane.

den durchzogenen »Sonnengarten«. In jeder der vier Himmelsrichtungen gibt es eine Türöffnung, an den übrigen vier Seiten liegen leicht erhöhte Beete. Die Grundstruktur des Gewächshauses besteht aus dicken, haltbaren Pfosten aus Kastanienholz. Die acht Stangen sind an einem Eichenblock in der Mitte befestigt, durch die ein Stützträger überflüssig wird. Die Pfosten sind unten zum Schutz vor Fäulnis und Nässe verkohlt worden, sie sind mindestens einen halben Meter in die Erde eingelassen und dabei in zerbrochene Dachziegel gebettet.

Dach und Seiten des Bauwerks sind mit Verstrebungen aus Haselnusszweigen versehen, über die freien Flächen ist Zwirn gespannt, um so das Plastik zu halten, ohne die ganze Konstruktion durch zusätzliches Gewicht zu belasten. In Streifen geschnittene Lappen polstern die Dachstangen ab und schützen die Plastikhaut vor Beschädigungen. Das Dach habe ich mit einer ganzjährig verwendbaren, qualitativ hochwertigen Plastikfolie abgedeckt, die ich zunächst in die Sonne legte, um sie zu dehnen, und dann in vier sich gegenseitig überlappende Dreiecke zerschnitt. Von außen wird sie mit Latten von Holzpaletten beschwert; die überlappenden Stellen wurden mit durchsichtigem Klebeband versiegelt.

Der Boden, der ein leichtes Gefälle hat, wurde eingeebnet; vier erhöhte Beete entstanden, die mit geflochtenen Haselruten zusammengehalten werden. An zwei gegenüberliegenden Seiten habe ich Kiwis und Weintrauben angepflanzt, die über das Dach aufeinander zu wachsen und im Sommer Schatten spenden. Vorne ziehe ich Kräuter, und die Fruchtfolge aus Bohnen, Salat, Paprika, Tomaten und Auberginen vervollständigt die Pflanzung.

Das Treibhaus war 1996 fertig und hat sogar den schweren Orkanen 1999 standgehalten. Für den Boden wurden auf einem alten Teppich als Unkrautsperre stirnseitig geschnittene Rundhölzer ausgelegt und mit Sand verfestigt. Dieser schöne, saubere und keinerlei Pflege verlangende Boden besitzt eine große Speichermasse und hilft so, Temperaturextreme auszugleichen.

Maria Sperring

Der Schuppen für die Gartengeräte und zur Überwinterung der Pflanzen (oben links) ist erst kürzlich hinzugekommen. Anmutig die Architektur des achteckigen Gewächshauses.

PRAKTISCHE TIPPS ZUM BAU EINER JURTE

Die traditionelle Jurte (in der Mongolei und in Turkmenistan auch *Ger* genannt) ist eine leicht zu transportierende Rundhütte, deren Wand (*Khana*) aus mehreren wie ein Scherengitter ausziehbaren, aus gespaltenen Weidenruten gefertigten Teilen besteht, die mit Rohlederstreifen zusammengebunden und am Rahmen einer einfachen Holztür festgezurrt werden. (Die Tür weist von den vorherrschenden Winden abgewandt nach Süden.) Ein wichtiges Konstuktionsmerkmal ist das geflochtene Spannband, das um die Oberkante der Wandteile gelegt wird und verhindert, dass die Dachstreben diese nach außen drücken. Die Dachstreben (beim Bau werden sie üblicherweise durch die Türöffnung ins Innere der Jurte geschoben und nicht über die Wand hineingereicht) bestehen aus dünnen Holzstangen; sie verbinden die Oberkante der Seitenwand mit einer zentralen Öffnung, der Dachkrone, die auch »Auge des Himmels« genannt wird. Sobald die Grundkonstruktion steht, wird sie mit mehreren (im Winter bis zu acht) Lagen Filz bedeckt. In Gegenden mit viel Niederschlag wird noch ein Stück Zeltleinwand oder Segeltuch straff über den Filz gezogen. Da den Mongolen die Farbe Weiß besonders heilig ist, werden viele Jurten mit weißem Filz bedeckt. Im Sommer legt man dünne Filzmatten auf den Erdboden, im Winter wird die Jurte auf einer Holzunterlage errichtet. Zum Heizen und Kochen dient eine zentrale Feuerstelle oder ein Ofen, der mit Holz oder Dung beheizt wird. Für zusätzliche Belüftung im Sommer werden die unteren Enden der Wandabdeckungen hochgerollt.

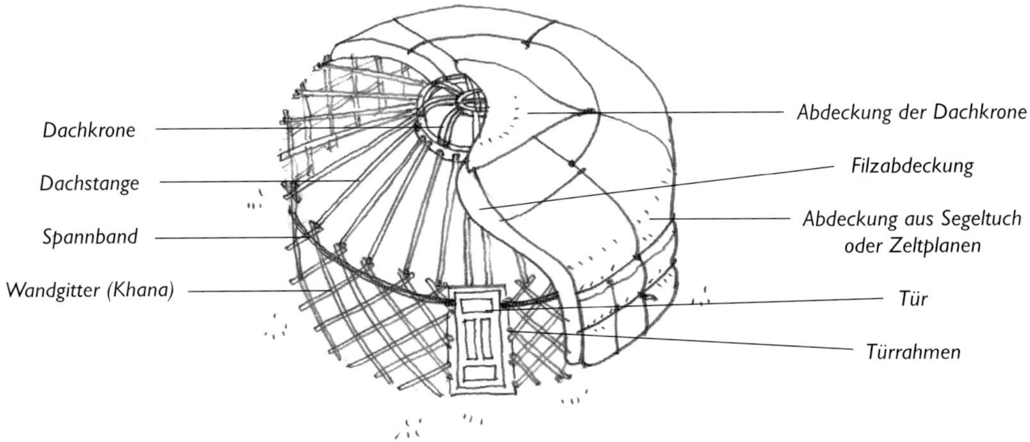

Die Wände: Für den Bau der einzelnen Abschnitte der Gitterwand (*Khana*) werden Zweige genommen, die manchmal gespalten und dann wie Leisten oder Latten verwendet werden. Traditionell werden dazu Weiden- oder Haselzweige benutzt, die im Winter geschnitten werden. Allerdings ist auch jedes andere widerstandsfähige und gerade wachsende Holz geeignet, auch wiederverwertetes. In jede Leiste wird in gleichen Abständen eine Reihe von Löchern gebohrt; mit Schnüren oder kleinen Bolzen werden die Leisten dann fest miteinander verbunden. Um den Transport der Wandstücke zu erleichtern, lassen sich die fertigen *Khanas* wie ein Scherengitter zusammenschieben. Sobald die einzelnen Abschnitte der Gitterwand im Kreis aufgestellt sind, wird ein aus einem Stück Segeltuch oder Zeltplane, einem Seil oder aus Draht bestehendes Spannband um deren Oberkanten gebunden, mit dem die nach außen drängenden Dachstreben zusammengehalten werden.

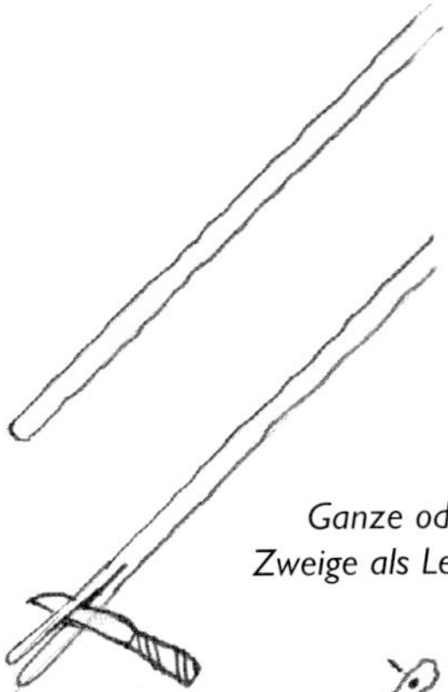

Ganze oder gespaltene Zweige als Leisten oder Latten

Ausgezogene Gitterwand (Khana)

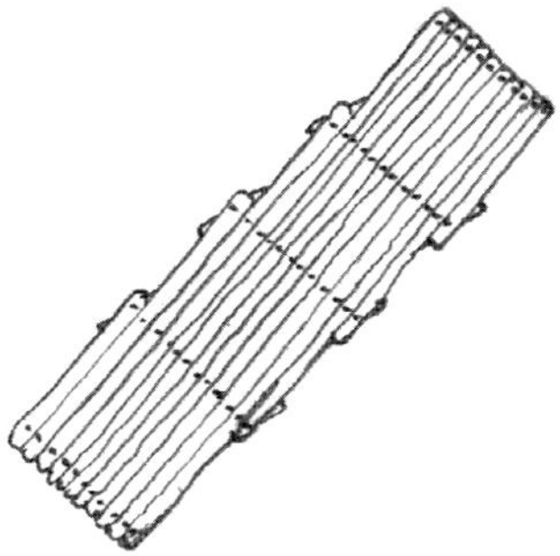

Für Transport zusammengeschobene Gitterwand

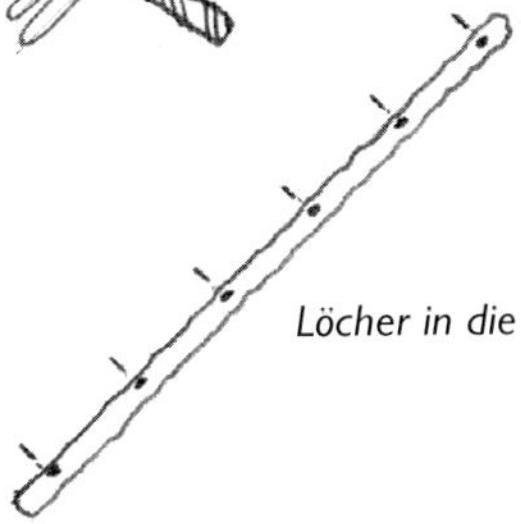

Löcher in die Leisten bohren

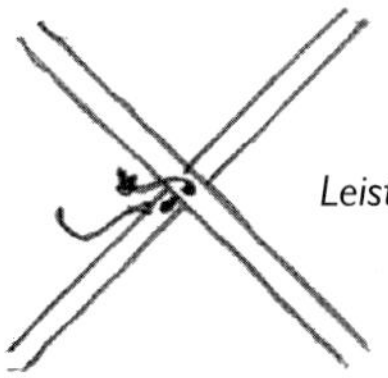

Leisten verbinden

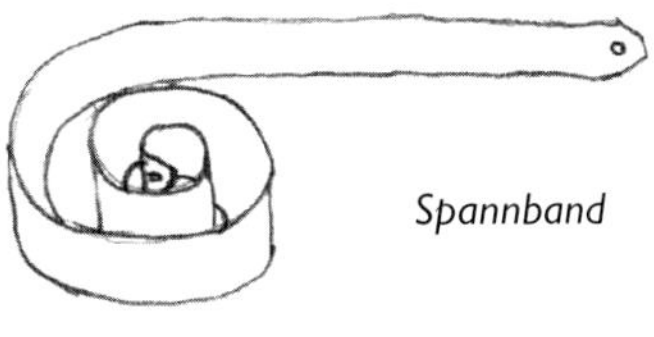

Spannband

Das Dach: Für ein Jurtendach im mongolischen Stil werden gerade Dachstangen verwendet, die sich an einem Ende verjüngen und damit in die Vertiefungen der Dachkrone passen. In das gegenüberliegende Ende werden zwei Löcher gebohrt, durch die die Schlaufe einer Schnur gezogen werden kann, welche über die sich kreuzenden Enden der Gitterwandleisten passt. Für das Dach einer kirgisischen Jurte nimmt man gebogene Dachstangen. Dazu wird von jungen Bäumchen die Rinde abgeschält, ein Ende der Hölzer in Wasserdampf gehalten und dann in einer Spannvorrichtung zurechtgebogen.

Die Dachkrone: Der Bau dieses Teils bereitet meist die größten Schwierigkeiten. Für die Dachkrone einer mongolischen Jurte werden mehrere gekrümmte Holzstücke genommen, die miteinander verzapft werden. Da die Dachkrone recht schwer ist, wird sie mit zwei Pfosten abgestützt. Um die Dachstangen aufzunehmen, wird in die Außenseite des Holzrings in gleichmäßigem Abstand eine Reihe Löcher gebohrt. Viereckige Löcher und entsprechend vierkantig geformte Enden der Dachstangen verhindern dabei Verwindungen im Dachbereich am besten. Dachkrone, Dachstreben und Stützpfosten einer mongolischen Jurte werden mit farbigen Mustern verziert.

Für die Dachkrone einer kirgisischen Jurte werden zwei in Wasserdampf gebogene frische gespaltene Holzstäbe um eine entsprechend gekrümmte Form gespannt und eine Woche lang so belassen. Dann werden die Enden zu-

Gerade mongolische Dachstange

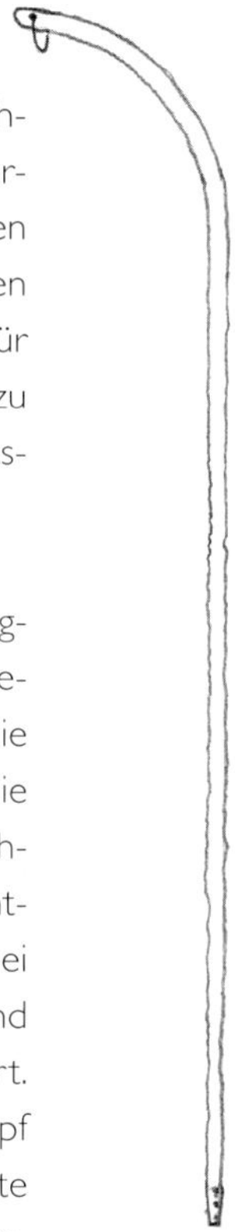

Gebogene kirgisische Dachstange

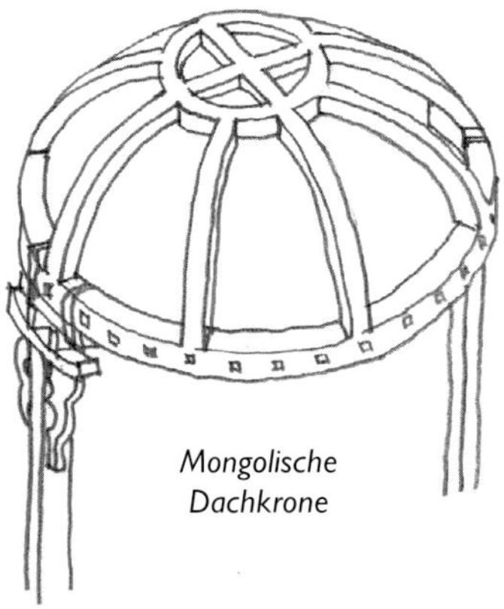

Mongolische Dachkrone

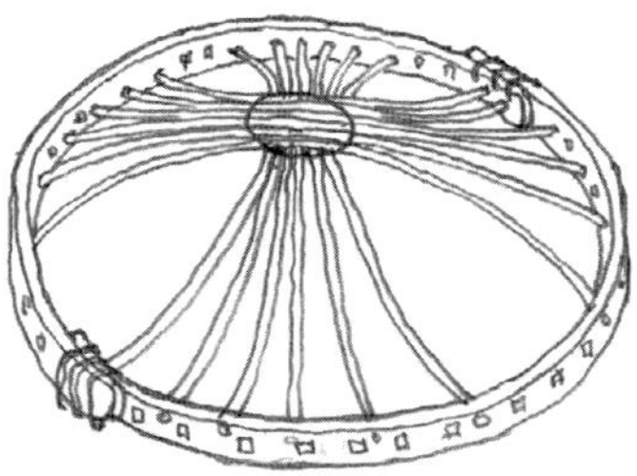

Kirgisische Dachkrone

sammengebunden oder -geklebt und verdübelt. Als Nächstes werden die Löcher für die Dachstreben ins Holz getrieben, und die Mitte des Ringes wird mit dünnen Verstrebungen aus biegsamen Ruten verstärkt, die traditionell in Kreuzform angebracht werden.

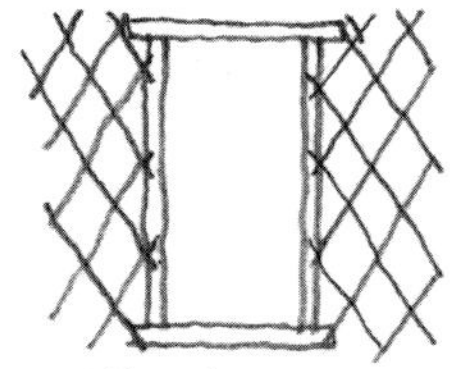

Türrahmen aus Rundhölzern

Die Tür: Aus vier Rundhölzern, die entsprechend zusammengefügt werden, lässt sich ein einfacher, zerlegbarer Türrahmen im kirgisischen Stil anfertigen. An diesem Rahmen wird eine aus Segeltuch oder Filz bestehende Tür befestigt, die unten beschwert ist. Die Alternative ist eine getäfelte (ein- oder zweiflügelige) Holztür im mongolischen Stil, die an einem festen Rahmen befestigt wird und nach Belieben mit Schnitzereien versehen oder bemalt werden kann.

Getäfelte Holztür

Die Abdeckung: Statt der traditionellen Filzlagen können wir als einfache Abdeckung auch wasserdichte Zeltleinwand, Segeltuch oder einen anderen strapazierfähigen Stoff nehmen. Zunächst wird das gesamte Gerüst voll-

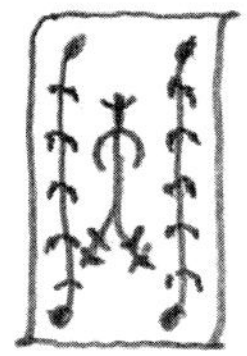

Filztür

Form der Dachabdeckung

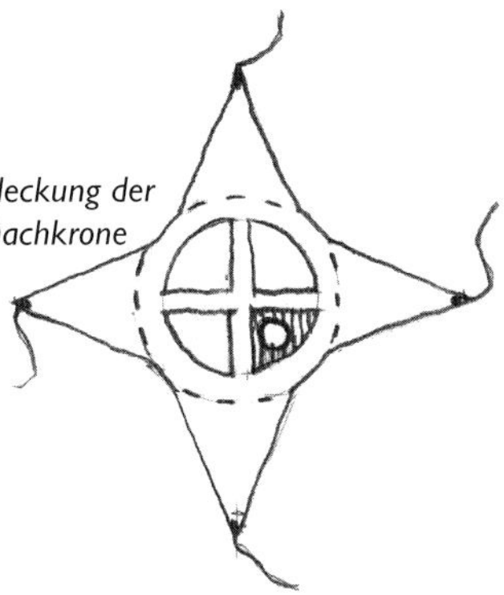

Abdeckung der Dachkrone

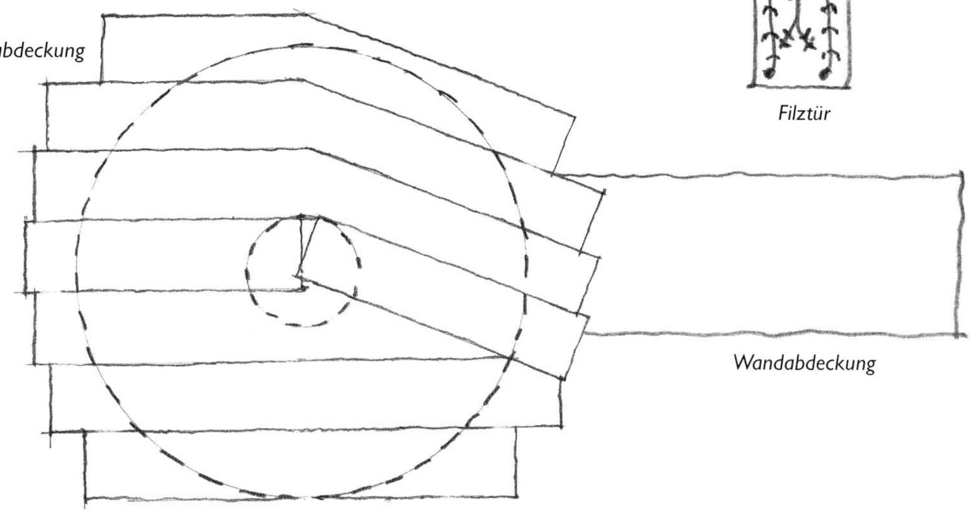

Wandabdeckung

Montage einer kirgisischen Jurte

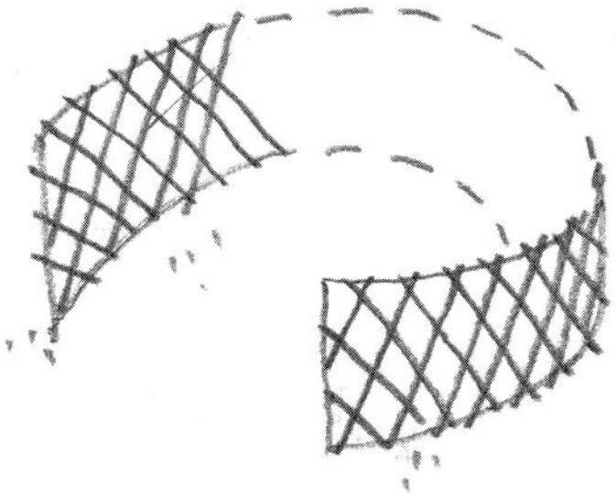

1 Errichten der Gitterwand (Khana)

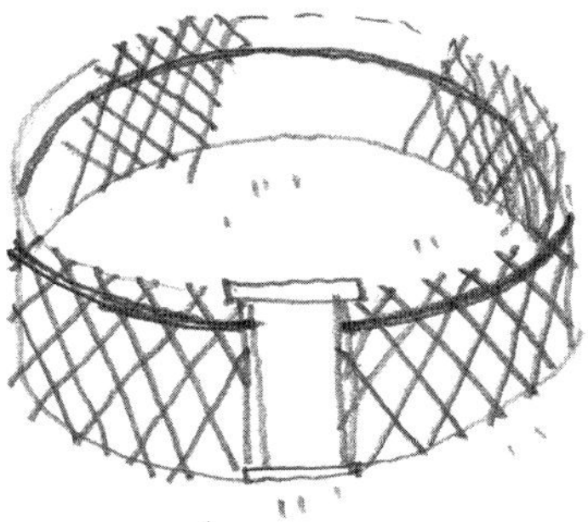

2 Hinzufügen von Türrahmen, Anbringen des Spannbands

1 Die einzelnen Teile der Gitterwand miteinander verbinden und zu einem Kreis aufstellen.
2 Türrahmen an der Gitterwand anbringen, um die Oberkante das Spannband legen.
3 An der Dachkrone drei Dachstreben anbringen, um sie hochzuheben. Schlaufen an den unteren Enden der Dachstreben über die Spitzen der Gitterwand legen.

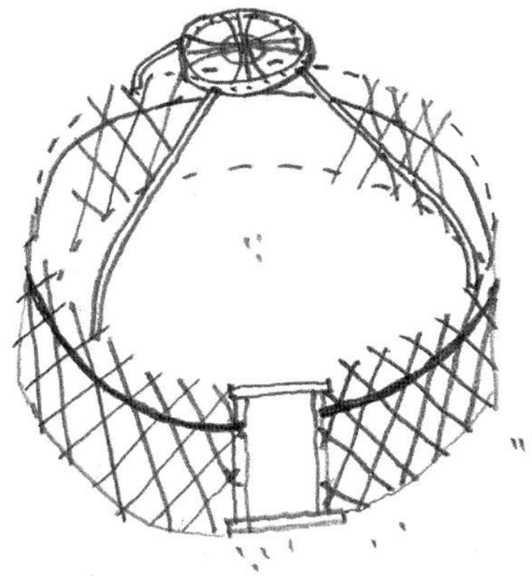

3 Emporheben der Dachkrone

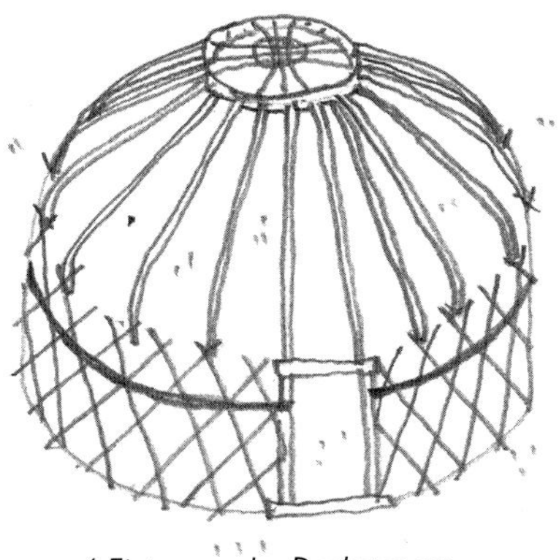

4 Einpassen der Dachstangen

4 Restliche Dachstangen hinzufügen. Das Gerüst der Jurte steht.
5 Abdeckungen für Wand und Dach befestigen, straffen, mit Seilen und Pflöcken sichern. Abdeckung der Dachkrone einpassen. Die Filztür befestigen.

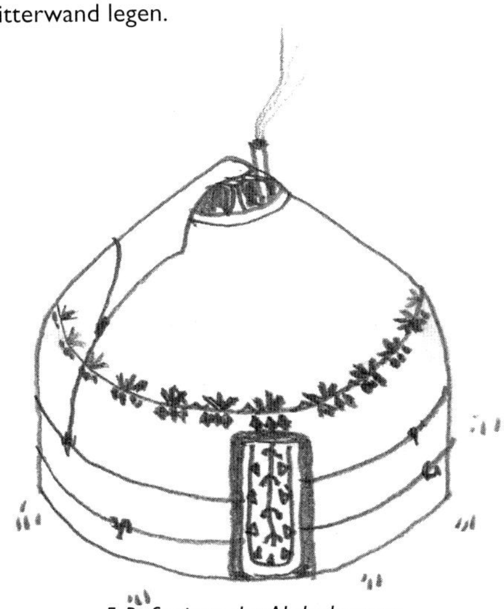

5 Befestigen der Abdeckungen

ständig aufgestellt, dann wird aus dem Segeltuch eine auf die Gitterwand passende Bahn zurechtgeschnitten. Nacheinander werden danach sich überlappende Stoffbahnen auf das Dach gelegt, in der richtigen Position festgesteckt, wieder abgenommen und zusammengenäht. Diesen Vorgang wiederholt man, bis das Dach vollständig bedeckt ist. Zum Schluss wird die Abdeckung für die Öffnung der Dachkrone genäht; sie besteht meist aus einem sternförmigen Stück Stoff, das über Fenster aus durchsichtigem Plastik und eine Einfassung aus Metall für den Rauchabzug bzw. das Ofenrohr verfügt, und sollte die Dachplane überlappen.

Traditionelle Innenaufteilung: Im Inneren einer Jurte hat jeder und alles seinen zugewiesenen Platz. Der Bereich der Männer mit ihren Sätteln, Waffen und Seilen liegt unweit der Feuerstelle auf der Westseite der Jurte. Der Ehrenplatz für wichtige Gäste ist zwischen Feuerstelle und Altar. Die Frauen, alles, was zum Kochen benötigt wird, die Wiege und die Kleidung gehören auf die Ostseite. Jugendliche und neugeborene Tiere werden oft in Türnähe untergebracht. Der Norden, die heiligste Stelle der Jurte, ist für den Altar reserviert.

Moderne Innenaufteilung: In der modernen mongolischen Jurte ist die offene Feuerstelle einem Metallofen gewichen. Die Matten und Tierfelle auf dem Boden wurden durch Betten ersetzt, Kisten und Vorratsbeutel durch Schränke und Kommoden. Im Winter steht die Jurte auf einem Holzfußboden. Oft verfügt sie über elektrisches Licht und Fernseher, mit Sonnenenergie oder Batterien betrieben.

Traditionelle Innenaufteilung

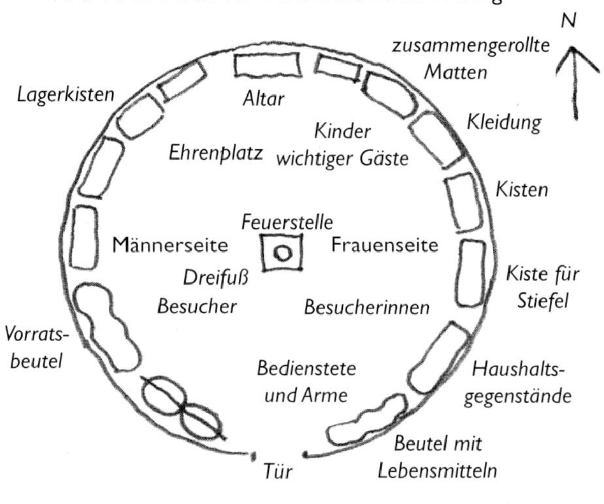

Moderne Innenaufteilung

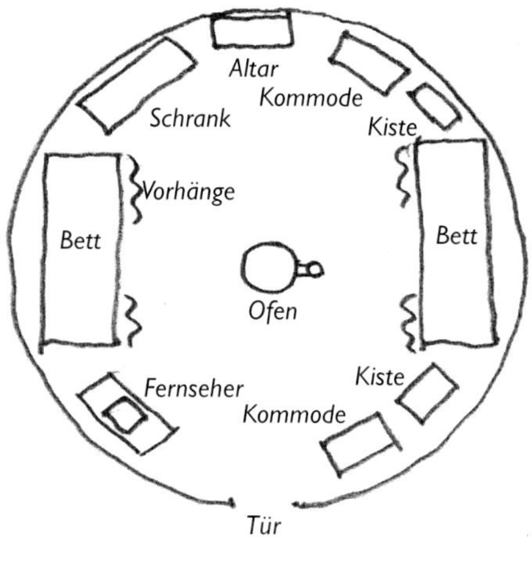

PRAKTISCHE TIPPS ZUM BAU EINES TIPIS

Das Tipi ist das ausgeklügeltste kegelförmige Zelt, das jemals ersonnen wurde. Traditionell war es im Besitz der Frauen des Stammes und wurde auch von diesen gebaut und aufgestellt. Der Grundriss eines Tipis ist nicht kreisrund, sondern eigentlich eiförmig mit dem breiteren Teil im hinteren Bereich. Der Kegel ist auch leicht nach hinten geneigt, und die steilere Rückseite weist besondere Verstärkungen auf, um den vorherrschend aus westlichen Richtungen kommenden Winden besser standzuhalten. Auch die Feuerstelle liegt nicht genau in der Mitte, sondern ist etwas in den vorderen Bereich verschoben, so dass sie sich direkt unter dem Rauchloch befindet. Herkömmlicherweise wurden Tipis mit gegerbten und abgeschabten, dünnen Tierhäuten bespannt, die nicht sehr viel wiegen und Licht ins Innere fallen lassen. Für ein kleines Tipi mit einem Durchmesser von 3,6 Metern benötigte man acht bis zehn solcher Häute. Ende des 19. Jahrhunderts ersetzten die noch leichteren Bespannungen aus Segeltuch oder Zeltplane allmählich die Tierhäute. War die Bespannung komplett, wurde sie auf das Gerüst gehievt und in der richtigen Position befestigt. Die Türöffnung wies dabei immer nach Osten in die Richtung der

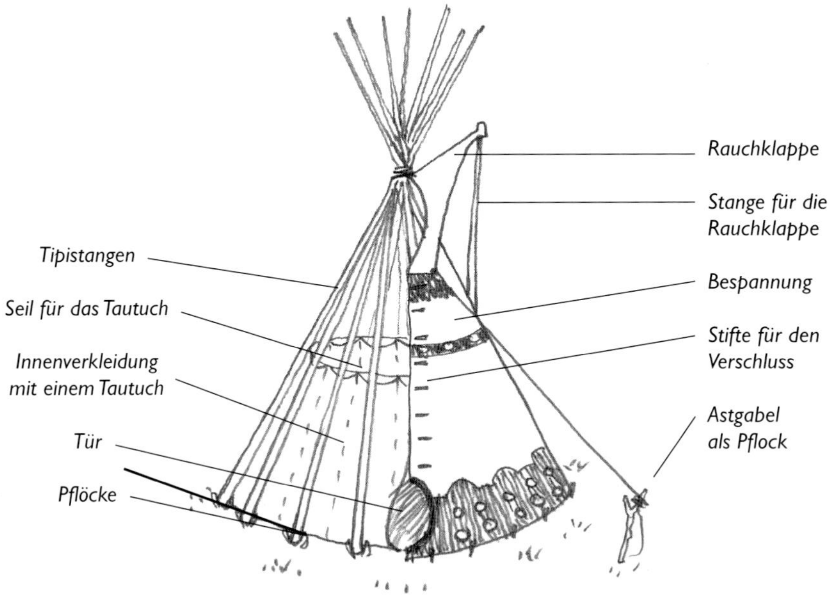

aufgehenden Sonne und war von der Hauptwindrichtung abgewandt. Bewegliche Rauchklappen an der Spitze erleichterten den Rauchabzug.

Die Stangen: Das Gerüst des Tipis besteht aus geraden Holzstangen, vorzugsweise aus Nadelholz, zum Beispiel Kiefer. Es lässt sich aber auch jeder andere Baum mit geradem Wuchs wie beispielsweise Eukalyptus verwenden. Am besten sind Stangen, die am Ende des Winters oder zu Frühlingsbeginn geschnitten wurden. Frische Stangen lassen sich leichter bearbeiten und sind haltbarer als abgelagerte. Sie sollten so gerade und schlank sein wie möglich. Alle Zweige werden von unten nach oben dicht am Stamm abgeschnitten, dann werden die Stangen mit einem Abziehmesser von der Rinde befreit (was ebenfalls bei frischem Holz viel leichter geht). Nach drei Wochen Lagerung werden die Stangen so lange abgeschmirgelt, bis sie ganz glatt sind. Dadurch können Regentropfen gerade an ihnen herunterlaufen und tropfen nicht auf die Bespannung. Die unteren Enden der Stangen werden angespitzt, damit sie leichter in den Boden gerammt werden können; an die oberen Enden werden Bänder gebunden, die im Wind flattern.

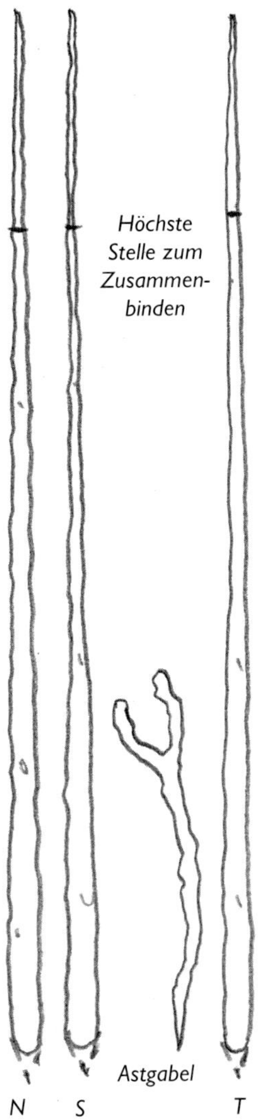

Die drei Stangen, die wie ein Stativ zusammengestellt werden (Nordstange, Südstange und Türstange) sowie Astgabel (siehe Seite 88)

Für ein Tipi von 5,5 Meter Durchmesser braucht man 15 Stangen (einschließlich der Hebestange), die alle etwa 7,5 Meter lang sind, sowie zwei etwas kürzere Stangen für die Rauchklappe; diese müssen allerdings nicht unbedingt so gerade sein wie die anderen Stangen.

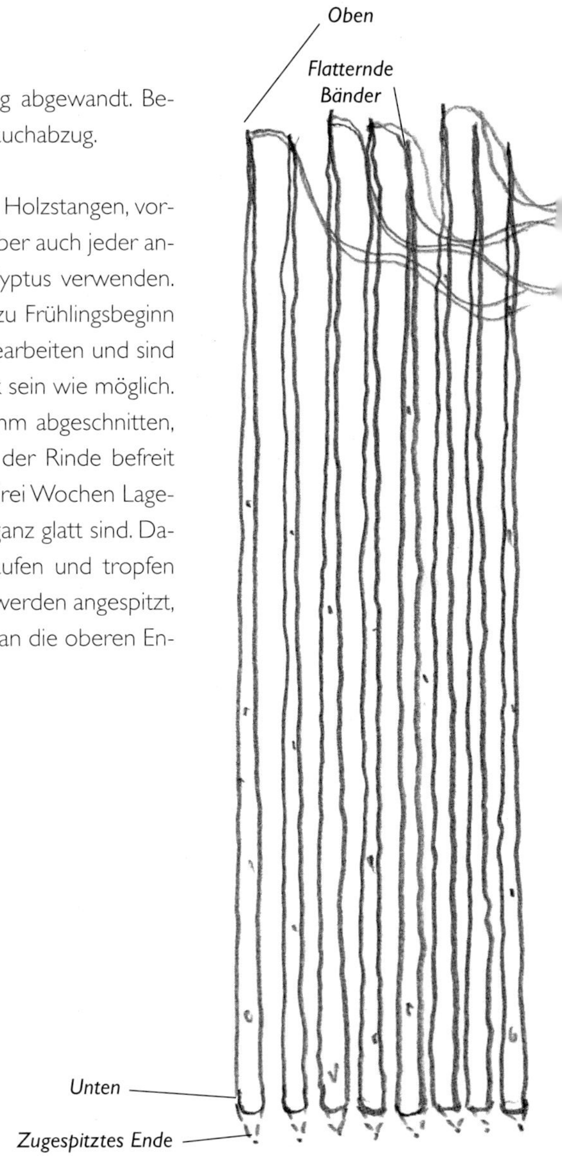

Die Bespannung: Wird eine weiße, mittelschwere Baumwollplane als Bespannung verwendet, ist das Innere des Tipis bei Tageslicht recht hell. Die Stoffbahnen werden zunächst auf dem Boden ausgelegt und zusammengenäht (am besten mit einer Industrienähmaschine), dann abgeschnitten und an den Enden gesäumt, so dass eine Halbkreisform entsteht.

Von der Mittellinie der längsten Stoffbahn aus werden zwei Rauchklappen und die beiden Hälften der Türöffnung abgemessen, dann ausgeschnitten und vernäht. Die Löcher für die zum Verschluss verwendeten Stifte werden in den Stoff getrieben und an den Rändern umgenäht.

Das Ganze wird noch durch zwei Stofftaschen ergänzt. An den Rauchklappen werden Bänder befestigt, mit denen die Stangen für die Rauchklappe gehalten werden; außerdem wird noch ein verstärktes Dreieck eingenäht, das beim Aufrichten der ganzen Konstruktion hilfreich ist; auch die Bänder für die Hebestange werden angebracht. Zuletzt werden an der Unterseite der Bespannung die Schlaufen angebracht, die um die Pfosten geschlungen werden.

Eine Bemalung bringt man am besten an, solange die Bespannung noch auf dem Boden ausgebreitet liegt.

Das Tautuch wird aus Stoffstücken hergestellt, die jeweils an einer Seite schmäler sind; oben und unten werden Bänder angenäht. Mit diesen wird es an den Seilen für die Innenverkleidung befestigt, die an der Innenseite jeder Stange verzurrt wurden.

Die oben und unten durch Stäbe verstärkte Stofftür wird oben mit Stiften an der Bespannung befestigt und unten mit zwei Pflöcken am Boden. Bei regnerischem Wetter können die Spitzen der Tipistangen mit einem Regenschutz abgedeckt werden, der aus einem viereckigen Stoffstück angefertigt wird.

Die Herstellung der Bespannung

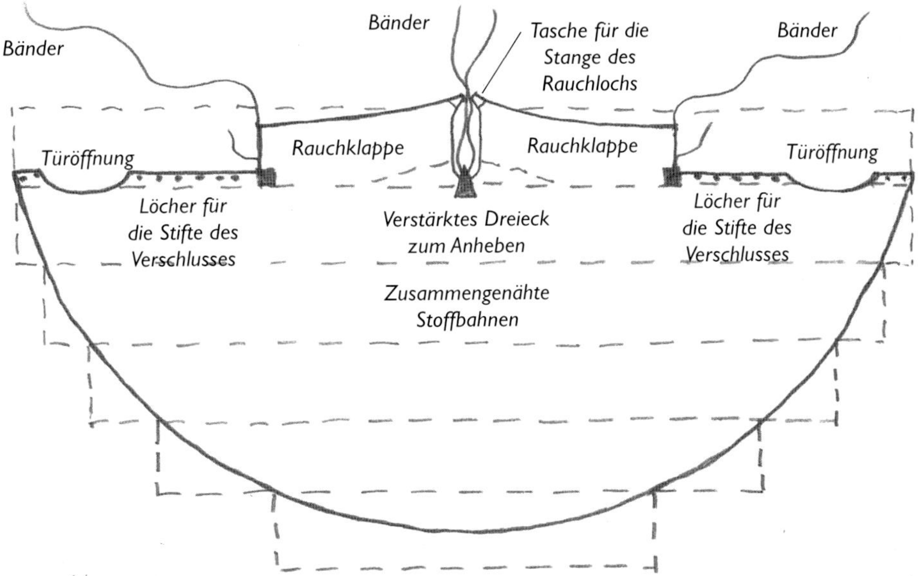

Bespannung

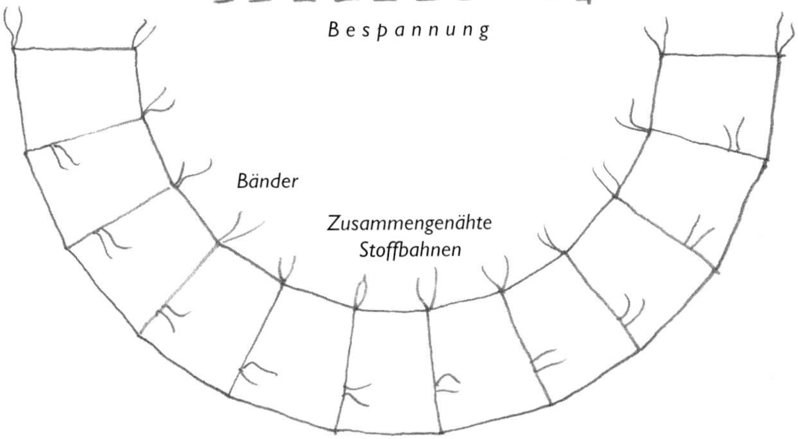

Tautuch

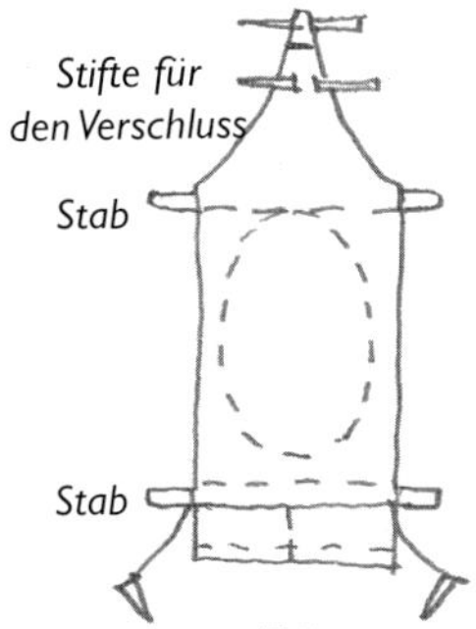

Tür

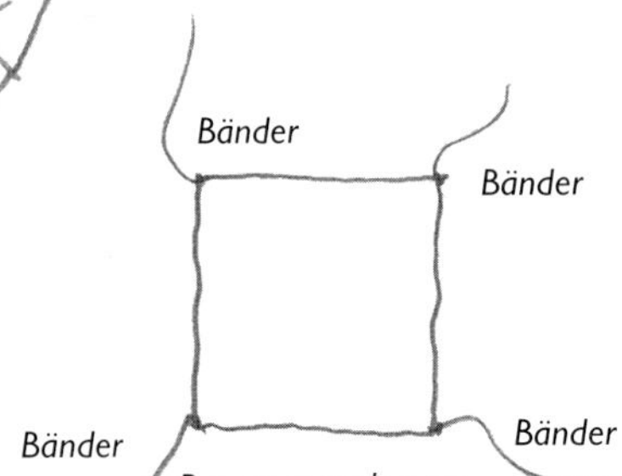

Regenschutz

Das Aufstellen eines Tipis

1 Bereitlegen der drei Stangen für das Grundgerüst

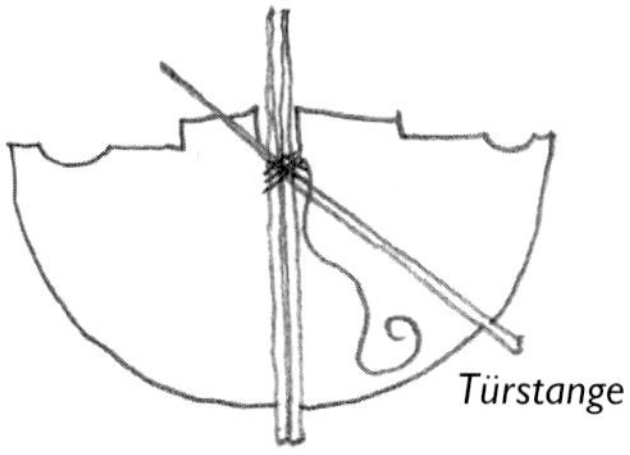

Bespannung Außenseite nach unten ausbreiten; N- und S-Stange zusammen, Türstange darüber; alle drei Stangen an der Stelle zusammenbinden, an der sie sich beim verstärkten Dreieck in der Bespannung überkreuzen. Ein langes Stück Seil hängen lassen.

2 Aufstellen des Grundgerüsts

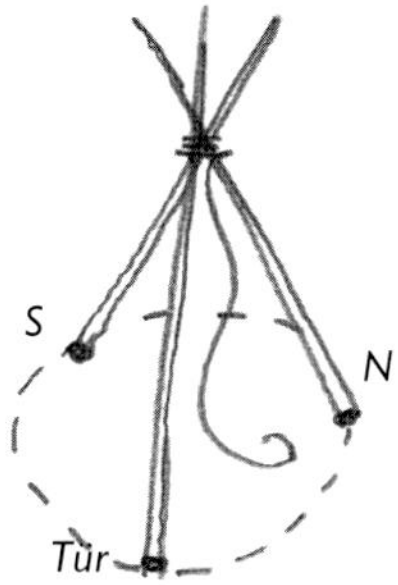

Das aus drei Stangen bestehende Grundgerüst hochheben, die schräg liegenden Stangen ausrichten und mit den unteren Enden in den Boden stecken (Türöffnung nach Osten).

3 Hinzufügen der restlichen Stangen

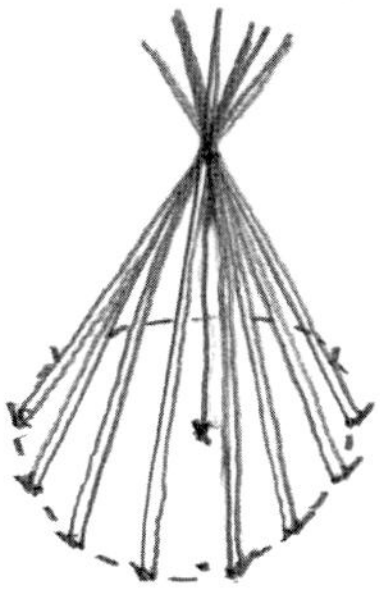

Die übrigen Stangen (außer Hebestange) hinzufügen und am Boden mit Pflöcken befestigen. Das freie Stück Seil um die höchste Stelle der Stangenkonstruktion wickeln und am Boden verankern.

4 Anheben der Bespannung

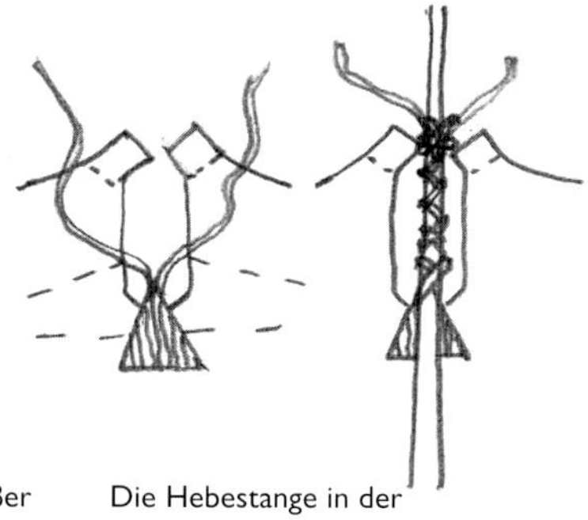

Die Hebestange in der Mitte der Bespannung auf den Boden legen und am verstärkten Dreieck befestigen.

5 Befestigen der Bespannung

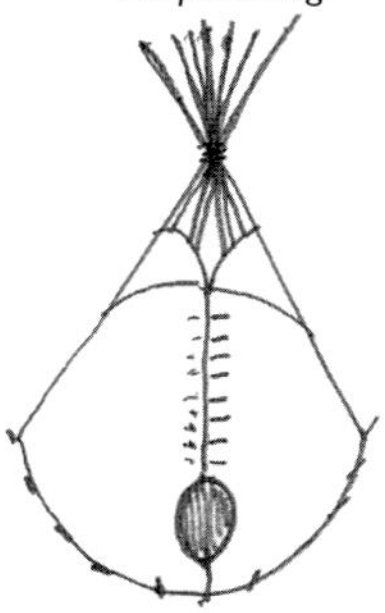

Die Bespannung um die Hebestange herum zusammenfalten, dann hochheben, bis sie richtig auf den Stangen sitzt. Dann auseinander rollen und vorne mit Stiften verbinden und schliessen.

6 Anbringen des Tautuchs

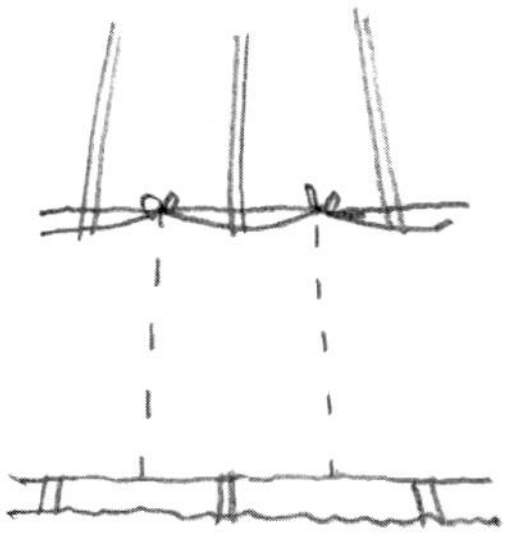

Das Tautuch an den oberen und unteren an den Stangen festgezurrten Seilen festbinden. Tür befestigen.

7 Hochstellen der Rauchklappen

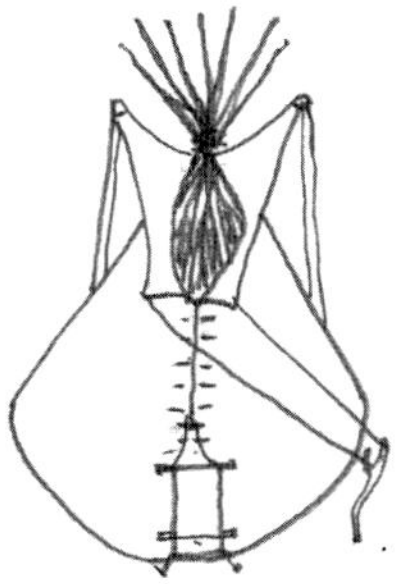

Rauchklappen mit zwei Stangen hochstellen und in die richtige Position bringen, mit den beiden Bändern an der Astgabel befestigen.

8 Anbringen des Regenschutzes

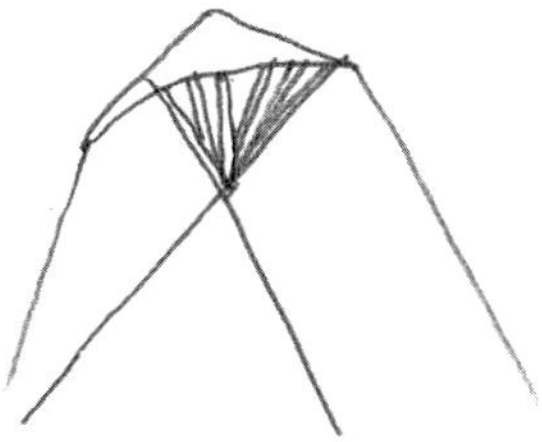

Der Regenschutz bedeckt bei Regenwetter die Spitzen der Stangen.

Die traditionelle Innenaufteilung: Der eiförmige Grundriss des Tipis hatte an der Nordseite einen allgemeinen Bereich für die Männer und an der Südseite einen für die Frauen. Daneben gab es spezifische Plätze für männliche und weibliche Gäste. Der »Altar«, ein kleines Viereck aus aufgelockerter Erde hinter der Feuerstelle, repräsentierte Mutter Erde. Süßes Räucherwerk, das an dieser Stelle verbrannt wurde, trug Gebete in die Lüfte.

Die traditionelle Bespannung: Bei der traditionellen Bemalung des Tipis repräsentiert der untere, gewöhnlich rot bemalte Teil die Erde, der mittlere Bereich den Himmel und ein dunkles Band an der Spitze den Nachthimmel und die Sterne.

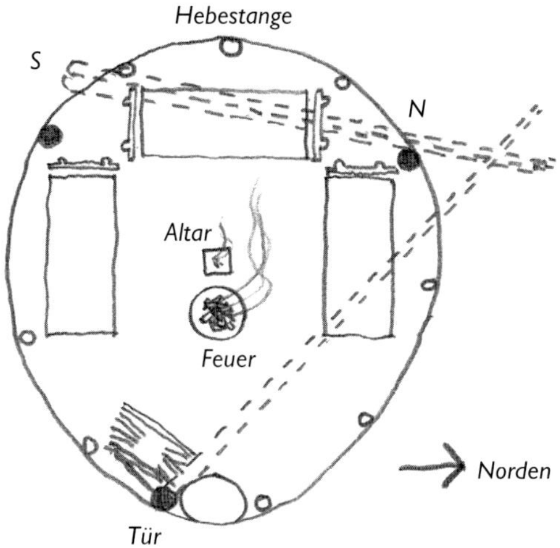

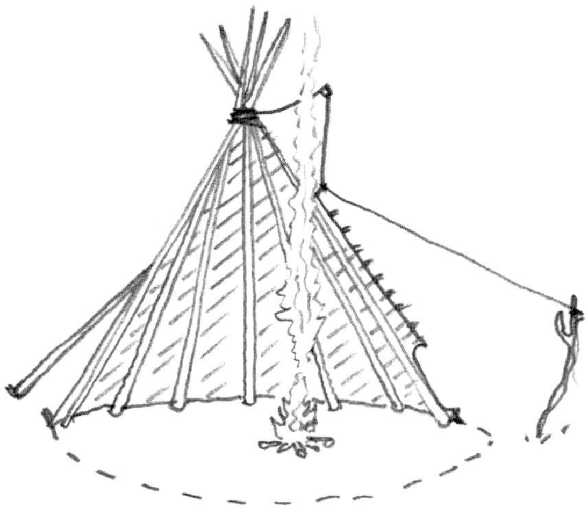

Das im vorderen Bereich liegende Feuer wird genau unter dem Rauchloch platziert.

PRAKTISCHE TIPPS ZUM BAU EINER EINFACHEN HÜTTE

Zeltartige, einfach konstruierte Hütten, die mit Hilfe gebogener Stangen oder Äste gebaut werden, gehören zu den ältesten und universellsten Formen menschlicher Behausung. Dazu werden junge Stämme oder dünne Äste senkrecht in den Boden gesteckt, gebogen und mit ihren Enden aneinander gebunden. Meist sind diese Hütten rund oder kuppelförmig, manchmal jedoch auch rechteckig oder tunnelartig. Bedeckt werden sie mit den unterschiedlichsten Materialien, zum Beispiel mit Gras, Binsen, Schilfmatten, Rinde, Gestrüpp oder Yuccablättern – je nach den kulturellen und klimatischen Bedingungen und der Verfügbarkeit. Wenn die Hütte nur in einer bestimmten Jahreszeit genutzt wird, lässt man das Gerüst stehen und rollt allein die Abdeckung zusammen und versorgt sie. Die mit Büffelhäuten oder Zeltplanen bedeckten Schwitzhütten der nordamerikanischen Indianer sind solche Konstruktionen. In einem außerhalb der Schwitzhütte entfachten Feuer werden Steine erhitzt, dann über einen »heiligen Pfad« durch den nach Osten weisenden Eingang in die Hütte gebracht und in der Mitte in eine Grube gelegt. Indem Wasser über die heißen Steine gegossen wird, entsteht im Hütteninneren eine starke feuchte Hitze, die zusammen mit Gesängen und Gebeten dazu dient, Körper und Seele zu reinigen.

Zum Bau einer Hütte dieser Art wird zunächst eine runde oder rechteckige Fläche auf dem Boden abgemessen und frei gemacht. Dann wird zur Drainage entlang des künftigen Randes der Hütte ein

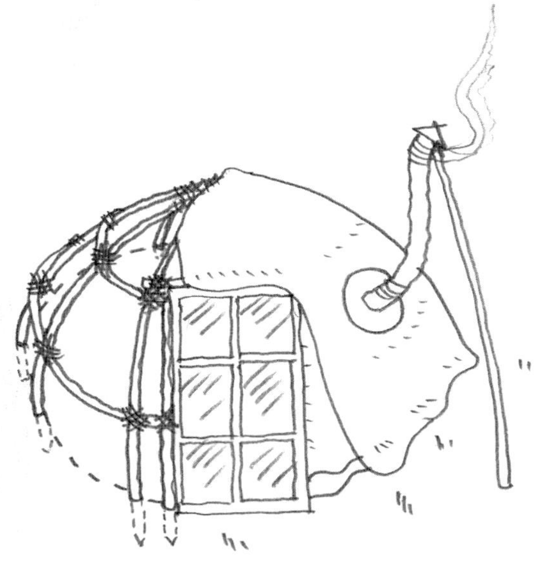

kleiner Graben ausgehoben. Die Position der Holzstangen wird markiert, dann werden lange, gerade, schlanke junge Stämme geschlagen oder Äste geschnitten (Haselnussäste eignen sich hervorragend) und ihr dickeres, unteres Ende zugespitzt. Die Löcher im Boden werden vorgeformt, dann drückt man die Holzstangen mit dem unteren Ende in die Löcher, so dass sie Stand haben und sich leicht nach außen neigen. Um die Kuppelform zu bilden, werden die einander jeweils gegenüberliegenden Stangen nach innen gebogen, so dass sich ihre Enden ein gutes Stück weit überlappen, und dann zu einem festen Bogen verbunden. Als Nächstes werden an jeder der Stangen zwei oder drei Querverstrebungen aus kleineren, biegsamen Ästen oder Stämmchen befestigt. Für die Tür lässt man etwas Platz frei. Um die Hütte stabiler zu machen, können die Querverstrebungen mit den senkrechten Stangen verflochten werden. Nun können Fenster und Türen in die Konstruktion eingefügt werden. Abgedeckt wird das Holzgerüst mit den bereits erwähnten herkömmlichen Materialien oder mit einem festen Stoff oder mit Zeltplane. Die Abdeckung wird über das Gerüst, um Tür und Fenster herumgezogen und dann mit Pflöcken am Boden befestigt. Wenn die Hütte keine Tür und keine Fenster hat, rollt man einfach an einer Stelle die Hülle hoch und hat so eine einfache Tür. Geheizt und gekocht werden kann mit einem Ofen (für das Ofenrohr eine Einfassung aus Metall in der Abdeckung vorsehen).

Wigwam

Schwitzhütte

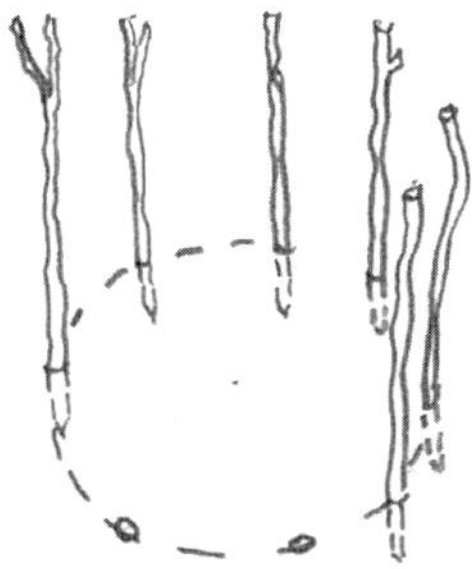

Kreis aus jungen Stämmen und Ästen

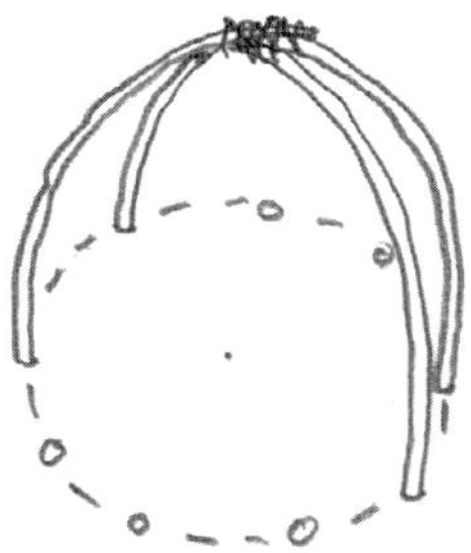

Zu Bögen verbundene junge Stämme oder Äste

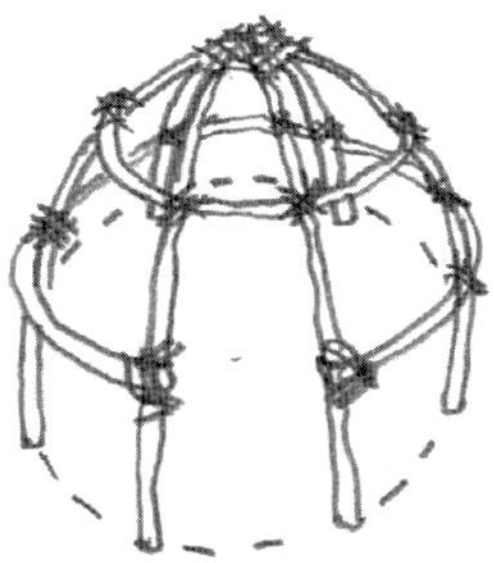

Querverstrebungen

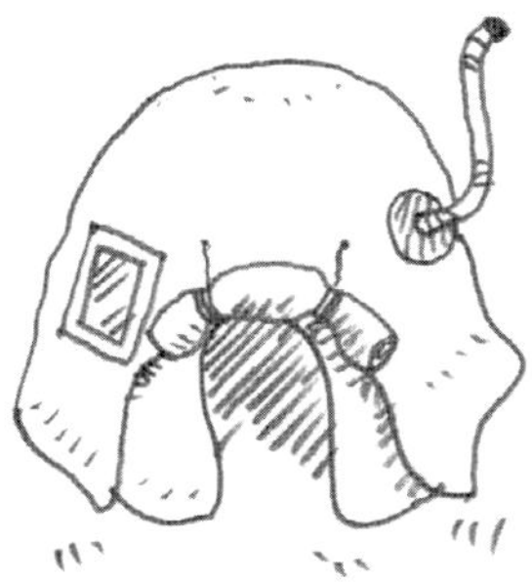

Abdeckung aus Segeltuch oder Zeltplane

INFORMATIONSQUELLEN

Jurten

Paul King
Woodland Yurts
80 Coleridge Vale Road
South Clevedon
North Somerset BS21 6PG
England
Tel. (0044) (0) 1275 879705
www.woodlandyurts.com
E-Mail: yurts@woodlandyurts.freeserve.co.uk
Herstellung von Jurten in Handarbeit auf Bestellung.

William Coperthwaite
The Yurt Foundation
Machaisport, Maine 04655
USA
Preiswerte Bauanleitungen für Jurten, Kalender. Weitere Informationen über Workshops oder Hilfe beim Bau der eigenen Jurte.

Dan Neumeyer
Jade Design/Build
PO Box 757
Langley, Washington 98260
USA
Tel. (001) (360) 321 5990
Fax (001) (360) 221 7993
www.JadeDesignBuild.com
E-Mail: dan@jadedesignbuild.com
Die Firma Jade Design/Build entwirft und baut Holzjurten nach Entwürfen von Bill Coperthwaite.

Hal Wynne-Jones
Hullasey Barn
Tarlton, Cirencester
Gloucestershire
England
Tel./Fax (0044) (0) 1285 770773
Verkauf und Vermietung von Jurten für alle möglichen Zwecke – die Jurten sind voll möbliert, beleuchtet und geheizt. Der Service bei Vermietung umfasst Lieferung, Aufstellung und Abbau der Jurte.

Peter Whiteman
Lower Turley Farm
Cullompton, Devon EX15 1NA
England
Tel. (0044) (0) 1884 32234
Herstellung von Jurten auf Bestellung.

The Australian National Yurt Project/The Australian Forum for Textile Arts
PO Box 38 The Gap
Queensland 4061
Australien
Tel. (0061) (0) 7 3300 6491
Fax (0061) (0) 7 3300 2148
www.ggcreations.com.au/tafta
E-Mail: tafta@uq.net.au
E-Mail von Martien Van Zuilen, Koordinator des Australian Yurt Project: martienvz@hotmail.com
Informationen über die australische Jurte und Buchungsmöglichkeiten. Verkauf von Postkarten mit Bildern der Jurte; Erlös zugunsten des Projekts.

Coastal Yurts
Oregon State Parks Info Center
Tel. (001) 800 551 6949
Broschüren, Karten und Beschreibungen der Parks.
Reservierung:
PO Box 500
Portland, OR 97207-0500
USA
Tel. (001) 800 452 5687
www.prd.state.or.us
Reservierungen das ganze Jahr über bis zu neun Monate im Voraus möglich.

Pacific Yurts Inc.
77456 Hwy 99 South
Cottage Grove, Oregon 97424
USA
Tel. (001) 800 9440240
Fax (001) (541) 942 0508
www.yurts.com
E-Mail: yurt@pacinfo.com
Verkauf moderner Jurten im US-Stil (Belieferung der Nationalparks in Oregon mit Jurten, die an Camper vermietet werden).

Peaceful Valley
Alternative Ferien in der Türkei
12 Trinity Road
Aberystwyth
Ceredigion SY23 1LU
Wales
Tel./Fax (0044) (0) 1970 626821
www.huzurvadisi.com
E-Mail: huzurvadisi@compuserve.com

Huzur Vadisi
Gokceovacik
Gocek 48310, Fethiye
Türkei
Tel. (0090) (0) 252 645 2419
Entspannende Ferien in Jurten mit oder ohne Yogakurs, Tai-Chi-Unterricht, Tanz usw.

Stephanie Bunn
Windsor Cottage
Felixstowe Ferry, Suffolk IP11 9RZ
England
Informationen über Filzherstellung und kirgisische Jurten.

Advance Canvas Design
28 W. South Street
PO Box 1626
Montrose, Colorado 81402
USA
Tel. (001) 800 288 3190 oder (001) (970) 240 2111
Fax (001) (970) 240 2146
www.AdvanceCanvas.com
E-Mail: info@advancecanvas.com
Die Hersteller der Earthworks Tipis und der Advance Yurts beliefern auch den Ridgway State Park, den Mancos State Park, den Golden Gate State Park, den Pearl Lake State Park und den La Foret State Forest, alle im Bundesstaat Colorado, mit Jurten.

Colorado State Parks
1313 Sherman Street, Rm 618
Denver, Colorado 80203
USA
Tel. (001) (303) 866 3437
http://parks.state.co.us
Siehe Stichwörter Jurten (»yurts«) und Holzhäuser (»cabins«).

Ridgway State Park
28255 Highway 550
Ridgway, Colorado 81432
Tel. (001) (970) 626 5822
http://parks.state.co.us/ridgway/yurts.htm
E-Mail: ridgway@state.co.us

Tipis

Johnny Morris
Wolf Glen Tipis
Williamhope Cottage
Clovenfords, Galashiels TD1 3LL
Scotland
Tel. (0044) (0) 1896 850390
www.btinternet.com/~wolf.glen
E-Mail: wolfglentipis@amserve.net
Verkauf und Vermietung von in Handarbeit hergestellten Tipis. Lieferung, Aufstellung und Abbau sind bei Vermietung inbegriffen.

Elizabeth Tom
Cornish Tipi Holidays
Tregeare, Pendoggett
St. Kew, Cornwall, PL30 3LW
England
Tel. (0044) (0) 1208 880781
Fax (0044) (0) 1208 880487
www.cornish-tipi-holidays.co.uk
E-Mail: info@cornish-tipi-holidays.co.uk
Familienorientierte Urlaubsangebote in Tipis im ländlichen Cornwall.

Spirit of Music Camps
Romilla
England
Tel. (0044) (0) 1884 855497

Zelte und einfache Hütten

Kings Hill Bender Development
East Pennard
Shepton Mallet, Somerset BA4 6TR
England
E-Mail: mhannis@ukonline.co.uk
Gegenwärtig besteht im Kollektiv von Kings Hill kein Bedarf an neuen Mitgliedern.

Fairmile Protest Site
Dieses Protestcamp gibt es nicht mehr. Kontaktadresse für Informationen über andere Protestaktionen in Großbritannien:
SchNEWS
c/o on the fiddle
PO Box 2600
Brighton, East Sussex BN2 2DX
England
Tel./Fax (0044) (0) 1273 685913
www.schnews.org.uk/
E-Mail: schnews@brighton.co.uk

Beneficio
Die genaue Lage dieses Ortes wird nicht veröffentlicht. Wer ihn suchen will, reise nach Südspanien und frage andere Reisende nach dem Weg.

Maria Sperring
Le Blé en Herbe
Puissetier
23350 La Celette
Frankreich
Tel./Fax (0033) (0) 5 55 80 62 83
E-Mail: maria.sperring@gofornet.com
Urlaub auf dem Bauernhof, Camping, Selbstverpflegung, Workshops, organischer Gartenbau auf der Grundlage eines gegenseitigen Austauschs.

Allgemeine Informationen

International Feltmakers' Association
Vorsitz: Sheila Smith
17 Cleveland Way
Carlton Miniott, Thirsk
North Yorkshire YO7 4LN
England
Tel./Fax (0044) (0) 1845 523340
www.feltmakers.org.uk
E-Mail: sheils@miniott.demon.co.uk
Mitgliedschaft in der Internationalen Vereinigung der Filzhersteller, Abonnement der Zeitschrift »Echoes«, des Mitteilungsblatts dieser Vereinigung.

Weiterführende Literatur

How to Build a Yurt Factsheet, Centre for Alternative Technology Publications, Machynlleth, Wales 1997.

How to Build your Low Impact Dwelling, Structure Constructor, Yorkshire, 1EDELet 10, Centre for Alternative Technology Publications, Machynlleth, Wales o.J.

Blue Evening Star: *Making Tipis & Yurts,* Lark Books, Asheville, NC 2000.

Charney, Leonard: *Build a Yurt,* Sterling Publishing Co., New York 1974.

Faegre, Torvald: *Tents. Architecture of the Nomads,* John Murray, London o.J.

Freedman, Russell: *Buffalo Hunt,* Holiday House, New York 1995 (Neuauflage).

Hunt, W. Ben: *So wirst du ein Indianer. Infos und Tips zum Selbermachen,* Egmont Schneider, München 1995.

King, P. R.: *Build Your Own Yurt,* P. R. King Publishing, Clevedon, Somerset 1997.

King, P. R.: *The Weekend Yurt,* P. R. King Publishing, Clevedon, Somerset 1999.

King, Paul: *The Complete Yurt Handbook,* EcoLogic Books, Bristol 2001.

Laubin, Reginald und Gladys: *The Indian Tipi,* University of Oklahoma Press, Norman, OK 1977.

Nabokov, Peter und Easton, Robert: *Native American Architecture,* Oxford University Press, New York/Oxford 1989.

Pedersen, Gorm: *Afghan Nomads in Transition,* Thames and Hudson, London 1994.

Shemie, Bonnie: *Houses of Hide and Earth,* Tundra Books, Plattsburg, New York 1991.

Stewart, Stanley: *In the Kingdom od Genghis Khan,* Harper Collins, London 2000.

Whitefield, Patrick: *Tipi Living,* Permanent Publications, Hampshire 2000.

Whiteman, Peter: »More experience in making felt for yurts«, in: *Echoes,* Heft 48, 1997.

Danksagungen

Der Verlag Gaia Books ist allen, die mit ihren Geschichten und ihren Fotos zu diesem Buch beigetragen haben, zu tiefem Dank verpflichtet. Auch den vielen Menschen, die vor allem hinter den Kulissen und ohne einen persönlichen Gewinn davonzutragen, Nachforschungen über Jurten, Tipis und Zeltbehausungen anstellten, gebührt unser Dank:
Mary De Danan, EcoDesign Magazine, Roger Frood, Dennis Gould, der Green Shop, John Harris, Diana Humphrey, Chip Meneley, Gerardine Munroe, Ian O'Reilly, Sylvia Pearson, Charlie Ryrie für ihre Vorarbeiten, Debbie Sayers, Helen Street, der Stroud Bookshop, Marion Webster.

David Pearson möchte dem Gaia Team danken: Insbesondere *Helena Petre* für ihre unermüdlichen Nachforschungen und das Zusammentragen der faszinierenden Geschichten dieses Buches; *Bridget Morley* für ihre talentierten und fantasievollen Entwürfe; *Katherine Pate* für ihre professionelle redaktionelle Arbeit; *Lyn Kirby* für die Kontrolle der Produktion; *Patrick Nugent* für die Leitung des Projekts sowie *Lynn Bresler* für das Korrekturlesen. Auch dem Team von Chelsea Green Publishing danke ich sehr für seine hilfreiche und enthusiastische Unterstützung.

David Pearson

Baumhäuser

Baumhäuser vermitteln einen Hauch von Freiheit und Abenteuer, von meditativer Ruhe und Abgeschiedenheit und lassen uns die Natur hautnah erleben.

22 faszinierende Geschichten von Menschen, die sich einen Kindheitstraum erfüllten und ihr eigenes Baumhaus bauten. Von der einfachen, improvisierten Hütte bis zum perfekt eingerichteten dreistöckigen Wohnhaus in luftiger Höhe, von Gemeinschaftsprojekten bis zu den Manifesten der Umweltaktivisten.

Mit den wichtigsten Schritten und Tipps zur praktischen Umsetzung.

David Pearson
Das natürliche Haus
Gesund, harmonisch und ökologisch bauen, gestalten und wohnen

Gerd Ziesemann/Martin Krampfer /Heinz Knieriemen
Natürliche Farben
Anstriche und Verputze selber herstellen

Klaus Schillberg/
Heinz Knieriemen
Bauen und sanieren mit Lehm
Kork, Hanf und Schilf in modernen Lehmbautechniken

Marcel Kalberer/Micky Remann
Das Weidenbaubuch
Die Kunst, lebendige Bauwerke zu gestalten

Heinz Knieriemen/
Martin Krampfer
Kinderwerkstatt Naturfarben und Lehm
Spielen, werken und bauen mit natürlichen Materialien

Otto Schärli
Werkstatt des Lebens
Durch die Sinne zum Sinn

Dorothea Fischer
Wolle und Seide mit Naturstoffen färben
Leuchtende Farben ohne giftige Zusätze

Dorothea Kalb-Brenek
Mosaik
Ideen – Kunst – Technik

AT Verlag
Bahnhofstrasse 39–43
CH-5001 Aarau
Telefon ++41-(0)62-836 62 46
Fax ++41-(0)62-836 66 67
E-Mail: at-verlag@azag.ch
Internet: www.at-verlag.ch